MARCO POLO

MAILAND
LOMBARDEI

MARCO POLO KOAUTORIN
Bettina Dürr
Als Studentin auf Italientrip ist sie ihrer großen Liebe in einem Café in Bologna begegnet. Seither liebt sie auch das Land. Sie wird nicht müde, es zu bereisen und neben all den grandiosen Schätzen der Vergangenheit immer wieder Neues zu entdecken. Ihre Reiseführer reichen von Südtirol bis Neapel. Die faszinierende Metropole Mailand kundschaftet sie seit Jahren mit wachsender Begeisterung aus.

GRATIS
DIE
TOUREN-APP
zeigt, wo's langgeht,
mit Tourenverlauf und Offline-Karte

EVENTS
& NEWS
clever und schnell auf dem Smartphone – tagesaktuell.
Events, News und neueste Insider-Tipps

HOLEN SIE MEHR AUS IHREM MARCO POLO RAUS!

SO EINFACH GEHT'S!

1

2 downloaden und entdecken

OFFLINE!

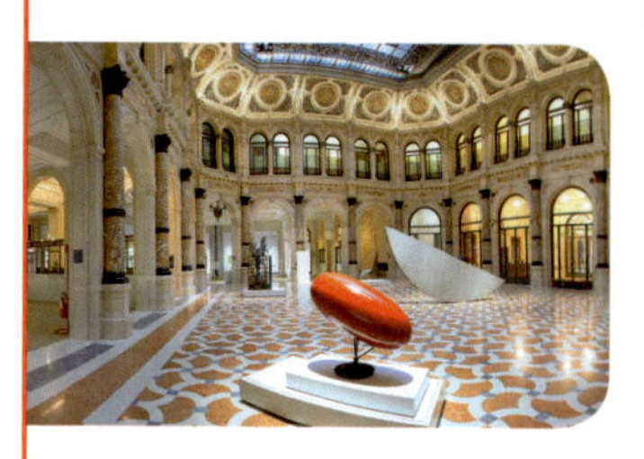

SYMBOLE

Insider-Tipp

Highlight

Best of ...

Schöne Aussicht

Grün & fair: für ökologische oder faire Aspekte

(*) kostenpflichtige Telefonnummer

PREISKATEGORIEN HOTELS

€€€ über 200 Euro
€€ 130–200 Euro
€ bis 130 Euro

Die Preise beziehen sich auf ein Doppelzimmer mit Frühstück

PREISKATEGORIEN RESTAURANTS

€€€ über 30 Euro
€€ 15–30 Euro
€ bis 15 Euro

Die Preise beziehen sich auf ein Hauptgericht mit Beilage ohne Getränke

GUT ZU WISSEN

KARTEN IM BAND
(130 A1) Seitenzahlen und Koordinaten verweisen auf den Cityatlas und die Lombardeikarte auf Seite 140/141
(0) Ort/Adresse liegt außerhalb des Kartenausschnitts
Es sind auch die Objekte mit Koordinaten versehen, die nicht im Cityatlas stehen

(🗺 A–B 2–3) verweist auf die herausnehmbare Faltkarte

UMSCHLAG VORN:
Die wichtigsten Highlights

UMSCHLAG HINTEN:
Metroplan

Die besten MARCO POLO Insider-Tipps

Von allen Insider-Tipps finden Sie hier die 15 besten

INSIDER TIPP Ein Bauernhof mitten in der Stadt
In der idyllischen *Cascina Cuccagna* bei der Porta Romana treffen sich die Mailänder Hipster, lässige Singles und Familien zum Relaxen und Essen: tolle Bioküche und Liegestühle auf der Wiese, dazu ein Laden und ein Café → S. 18

INSIDER TIPP Feiern und Schlafen
Die ganze Welt in einem Haus: Aus dem *Madama Hostel* will man nicht mehr weg: Essen, Livekonzerte, angesagter Treff, und irgendwann auch ein Bett → S. 82

INSIDER TIPP Die Farbenpracht der Renaissance
Der Renaissancekünstler Bernardino Luini hat die Kirche *San Maurizio al Monastero Maggiore* (Foto o.) farbenprächtig ausgemalt. Auf Augenhöhe mit den biblischen Figuren ließ sich auch die Mäzenatenfamilie Bentivoglio darstellen – frei nach dem Motto: Tue Gutes und rede darüber → S. 44

INSIDER TIPP Atelierbesuch beim Stardesigner
Im *Studio Museo Achille Castiglioni* erfand Designlegende Achille Castiglioni seinen berühmten Hocker Mezzadro → S. 41

INSIDER TIPP Weltkulturerbe an der Adda
Die historische Firmensiedlung bei *Crespi d'Adda* steht unter Unesco-Schutz → S. 101

INSIDER TIPP Aussehen wie Steve McQueen ...
... und wie Faye Dunaway in „The Thomas Crown Affair" oder wie Gregory Peck in „Ein Herz und eine Krone": Das geht mit der richtigen Vintage-Sonnenbrille von *Foto Veneta Ottica* → S. 66

INSIDER TIPP Die letzte Ruhe
Wer zu Lebzeiten bedeutend war in Mailand, der findet seinen Platz auf dem *Cimitero Monumentale* mit seiner „Ruhmeshalle" aus dem 19. Jh. → S. 48

INSIDER TIPP Reis, so weit das Auge reicht

Ein ganz anderes Italiengefühl: Fahrt durch die Reisfelder der *Lomellina* (Foto u.); Risottofreunde stoppen bei einem der Bauern mit Direktverkauf → S. 111

INSIDER TIPP Italiener machen gute Biere!

Davon können Sie sich bei einem Mailänder Bier aus dem *Birrificio Lambrate* vergewissern, z. B. in einem der Brauereipubs → S. 19

INSIDER TIPP Aus Alt mach Neu

Mode der Vorsaison wird zu neuem Edel-Outfit umgemodelt: Das ist das Konzept von *ASAP – As Sustainable As Possible* → S. 67

INSIDER TIPP Kunst und Genuss in Varese

In der *Villa Menafoglio Litta Panza di Biumo* zeigt ein Mäzen seine hochkarätige Sammlung mit Werken der internationalen zeitgenössischen Künstlerszene → S. 113

INSIDER TIPP Die Villa des Nähmaschinenfabrikanten

Das stilvolle Wohnhaus *Necchi Campiglio* im Art-déco-Design der Dreißigerjahre liegt in einer besonders schönen Ecke im Zentrum. Im Garten nimmt man seinen Espresso neben dem Originalpool → S. 34

INSIDER TIPP Die Bar, die jeder gern um die Ecke hätte

Winzig und wunderschön: Beim hochtouristischen Corso Como überrascht die Bar *Blenderino* mit großartigen Drinks → S. 72

INSIDER TIPP Leonardos Weinberg

Und Wein hat er auch noch angebaut: Das alte Genie ist allgegenwärtig – selbst mit einer *Vigna di Leonardo* im zauberhaften Garten der *Casa degli Antellani* → S. 86

INSIDER TIPP Aus den Schränken der Mailänder ...

... kommen tolle Klamotten, die sie einmal im Monat auf dem *East Market* verkloppen → S. 68

BEST OF ...

TOLLE ORTE ZUM NULLTARIF

Neues entdecken und den Geldbeutel schonen

SPAREN

Kunst für Giganten

Groß, größer, am größten: Neue zeitgenössische Kunst braucht immer mehr Platz. Den findet sie in den ehemaligen Werkshallen *Hangar Bicocca*, ganz umsonst → S. 49

Schöner wohnen und Kunst

Die *Casa-Museo Boschi Di Stefano* ist voller Gemälde, Keramikskulpturen und ganz feiner Art-déco-Möbel. Dank der ehrenamtlichen Aufpasser darf man sich die museale Wohnung der Industriellen- und Künstlerfamilie Boschi Di Stefano auch noch umsonst anschauen → S. 48

Schöne Aussicht auf den Dom

Das Domdach mit seinem märchenhaft anmutenden Steinwald der gotischen Spitzen und Türmchen haben Sie zum Greifen nah von der *Dachterrasse des Kaufhauses La Rinascente,* auf der man eine kostenlose Aussichtsrunde drehen darf (Foto) → S. 74

Orgelkonzerte

Orgelkonzerte in verschiedenen Kirchen Mailands erleben in den letzten Jahren einen regelrechten Boom. Die Konzertreihe *Cantatibus Organis* lädt (trotz Finanzmisere hoffentlich weiterhin) zu Gratiskonzerten → S. 74

Ein Park im Park

Schönste Rosen in allen Farben, duftende Rosen, alte Rosen, Kletterrosen: Gleich hinter der Villa Reale von Monza geht es in den zauberhaften Rosengarten *Roseto Niso Fumagalli* → S. 102

Ein Museum nur für Schuhe

In Vigevano, das in den Sechziger- und Siebzigerjahren des 20. Jhs. als Welthauptstadt der Schuhherstellung galt, können Sie im *Museo Internazionale della Calzatura* Schuhe bewundern, die Renaissancefürstinnen, Hollywoodstars und Päpste trugen und tragen → S. 111

Diese Punkte zeichnen in den folgenden Kapiteln die Best-of-Hinweise aus

TYPISCH MAILAND

Das erleben Sie nur hier

Teatro alla Scala

Der Höhepunkt des gesellschaftlichen Lebens der Stadt ist die Eröffnung der Opernsaison im weltberühmten Theatertempel (Foto) am 7. Dezember. Wie emblematisch der Name *La Scala* für die Stadt ist, zeigt auch, dass die Mailänder ihr nicht minder bedeutendes Fußballstadion San Siro die „Scala des Fußballs" nennen → S. 36

Basilica Sant'Ambrogio

In diesem wunderbaren romanischen Sakralbau schlägt das spirituelle Herz der Stadt. Alteingesessene und zugezogene Familien warten geduldig auf einen Termin, um hier ihre Kinder taufen zu lassen oder heiraten zu können. Wenn der Bischof seine Predigt hält, ist die Kirche voll und die Mailänder erholen sich von den aufreibenden weltlichen Geschäften → S. 44

Triennale Design Museum

Jeder kennt den Sitzsack Sacco von der Möbelmarke Zanotto, die Plastikvase Pago Pago von Enzo Mari, die man auch auf den Kopf gestellt benutzen kann, oder das schräge, bunte Regal von Ettore Sottsass. All diese verspielten Kultgegenstände des italienischen Designs können Sie im Designmuseum bewundern → S. 41

Großbürgerliche Wohnpalazzi als Museen

Viele edle Wohnpalazzi, die in ihrer Architektur, ihrem Mobiliar, ihren Kunstsammlungen den kulturbeflissenen Lebensstil des Mailänder Bürgertums widerspiegeln, sind heute sehenswerte Stadtmuseen – so etwa das *Poldi-Pezzoli* → S. 36

Quadrilatero della Moda

Beim Bummel über *Via Monte Napoleone, Via Spiga, Via Manzoni, Via Sant'Andrea* offenbart sich Mailand als Weltstadt der Mode: Eine derartige Konzentration an hocheleganten Boutiquen haben Sie noch nicht erlebt! → S. 34

Cotoletta alla milanese

Das panierte Schnitzel gilt neben dem safrangelben Risotto als Inbegriff für die Küche der Mailänder. Besonders gut bekommen Sie es u. a. in der *Osteria Brunello* → S. 55

BEST OF ...

SCHÖN, AUCH WENN ES REGNET

Aktivitäten, die Laune machen

REGEN

● *Galleria Vittorio Emanuele II*

Der Salon der Stadt und das schönste historische Shoppingcenter Italiens (von 1867) unter der kunstvollen Überdachung aus Glas und Eisenverstrebungen. Spazieren Sie über das prachtvolle Bodenmuster mit dem berühmten Stier und drehen sich dreimal um die eigene Achse, mit dem Absatz auf dessen Weichteilen: Das soll Glück bringen ... (Foto) → S. 35

● *Castello Sforzesco*

Das mächtige Kastell birgt eine Vielzahl an Museen und interessanten Sammlungen, in denen Sie problemlos einen ganzen Regentag verbringen können – selbst der Wehrgang mit den Schießscharten ist bedeckt → S. 38

● *Kochkurs*

Wenn's draußen schüttet, ist das der richtige Moment, um in kurzen Vormittags-, Nachmittags- oder Abendkursen zu lernen, wie man Pizza, Pasta, Gnocchi oder leckere Süßspeisen zubereitet → S. 56

● *Prachtvolle Kaufhäuser*

In Mailands edlen Kaufhäusern kann man sich stundenlang an den Auslagen ergötzen, in den Kosmetikabteilungen ausgiebig beraten lassen oder bei *Eat's* im kulinarischen Untergeschoss vom *Excelsior* eine Pause machen → S. 66

● *In einer Loungebar ausruhen*

Im *Living* sitzen Sie bequem in Kissen auf Sofas und schauen ins satte Grün des verregneten Sempione-Parks hinaus → S. 73

● *Naturkundemuseum*

Sollte Sie der Regen in den Giardini Pubblici überraschen, flüchten Sie doch einfach ins *Museo Civico di Storia Naturale* mit eindrucksvollen Sammlungen – und auch mit einer Cafeteria → S. 96

ENTSPANNT ZURÜCKLEHNEN

Durchatmen, genießen und verwöhnen lassen

ENTSPANNT

● ***Ruhepunkt (nicht nur) für gestresste Eltern***

Unter dem Portikus rund um das Palais Rotonda della Besana mit dem *Museo dei Bambini* lässt es sich wunderbar verschnaufen oder picknicken – auch ein nettes Bistro hilft dabei → S. 97

● ***Abgeschiedene Naturoase***

Hinter der Pinakothek von Brera tut sich der *Orto Botanico di Brera* für eine stille Stunde auf. Auf 5000 m² erstreckt sich der Garten mit über 300 Pflanzenarten → S. 41

● ***God Save the Food***

Das ist ein typisches All-day-Lokal im lässigen Viertel Tortona, einst voller kleiner Industriebetriebe, in die heute zunehmend Designerstudios und Werbeagenturen einziehen: Außerhalb der Essenszeiten sitzen Sie hier unbehelligt vom Druck der touristischen und geschäftigen City, trinken in aller Ruhe Espresso und lesen Zeitung → S. 52

● ***Make-up-Date***

Es kann ungemein entspannen, wenn frau mal richtig gut beraten wird bei der Selbstverschönerung: Italiens berühmtester Make-up-Guru *Diego dalla Palma* sitzt natürlich in Mailand und bietet in seinem Kosmetikreich Schminkberatung an → S. 68

● ***Wellness mit Buffet***

An der spanischen Befestigungsmauer mitten in der Stadt überraschen die schönen *QC Terme Milano* mit dampfenden Außenbecken, Wiese, Sauna, Beauty und Massage sowie köstlichen Erfrischungsbuffets → S. 83

● ***Cremona si siede***

Das sagen die Cremoneser von sich selbst, dass „Cremona sich hinsetzt": Alle Altstadtkerne der lombardischen Städte haben einladende Plätze mit Cafés, doch kaum eine andere Stadt betreibt diese Art Entspannung so genüsslich wie Cremona, etwa auf der *Piazza del Duomo* vor dem Dom (Foto) → S. 106

AUFTAKT

ENTDECKEN SIE MAILAND!

Mailand hat Klasse: Die Stadt hat eines der besten Opernhäuser der Welt, einzigartige Museen, ein paar Straßenzüge mit der höchsten Dichte an Mode- und Designerläden. In Mailand erleben Sie das „andere" Italien, ***ein pulsierendes Italien des 21. Jhs.*** Milano ist die Stadt der Kreativen und der Banker. Und ob im Maßanzug oder in Turnschuhen – Stil hat die Stadt wie keine zweite. Man muss sich nur auf sie einlassen: Trinken Sie Ihren Aperitif in einer der schönen Bars, steigen Sie aufs Dach des Doms, streifen Sie zu Fuß durchs Zentrum – Sie werden angetan sein. Wenn nicht begeistert!

Es gibt Tage, die strahlen vor Vergnügen. Wenn sich dann der gläserne Fahrstuhl aus dem Grün des Parco Sempione erhebt, man einen ersten Blick von oben in das sonnenbeschienene Castello Sforzesco werfen kann, langsam dahinter ***marmorglänzend der Dom mit der goldenen Madonnina*** sichtbar wird, warme Luft in südlicher Ferne die Apenninhügel flirrend umspielt, während sich in der Gegenrichtung hinter dem Arco della Pace, im Norden, der majestätische Alpenkranz vom wolkenlos blauen Himmel absetzt – dann möchte man oben auf der Torre Branca diese Stadt umarmen. Aber es kommt auch vor, dass ein bleigrauer Himmel über den Dächern

Bild: Dom Santa Maria Nascente

lastet, sich Smogschlieren auf die Fenster legen, die Luft im Hals kratzt und die Menschen den Mantelkragen wie Scheuklappen aufgerichtet haben. Dann will man nur noch weg. An die nahen schönen oberitalienischen Seen oder nach Genua ans Meer, eine gute Stunde mit dem Auto, oder in die Berge, wo man den Kopf aus den giftigen Wolken stecken kann.

Es war wohl auch diese günstige Lage zwischen Bergen und Meer, die im 4. Jh. v. Chr. zur Gründung einer Stadt „met e leun", inmitten der Ebene, durch die Kelten geführt hat. Inmitten der Ebene, am Kreuzpunkt von Wegen, auf denen Waren und Ideen transportiert wurden: Diese Lage hat oft genug auch Appetit bei fremden Mächten geweckt, die von allen Seiten kamen, um sich diesen reichen Stadtbrocken einzuverleiben. Heute ist Mailand mit rund 9 Mio. Gästen pro Jahr die ***nach Rom meistbesuchte Stadt Italiens.*** Fast zwei Drittel dieser Besucher geben geschäftliche Gründe für ihren Besuch an. Das hat leider Auswirkungen auf die Preise in Restaurants, Hotels und Geschäften, wobei aber Vergleichs- und Buchungsportale im Internet heute für erfreuliche Angebote sorgen. Außerdem hat sich Mailand in den letzten Jahren verändert, die Palette ist bunter geworden, hübsche B&Bs und nette Hostels bieten bezahlbare Alternativen. Ebenso unkomplizierte Imbisslokale. Shoppingmeilen und Straßencafés beleben das Bild. So wird Mailand immer attraktiver für einen ***interessanten Citytrip***.

Gegensätze prägen die Stadt, in der man großartige Zeugen romanischer Kirchenbauten besichtigen kann und die zugleich von der Zweckarchitektur einer Handelsmetropole bestimmt scheint, in der es alle Leute immer eilig haben und in der dennoch Kreativität Trumpf ist. Mit Paris und New York ist Mailand eine weltbestimmende ***Hauptstadt der Mode,*** was man etwa im Quadrilatero della Moda, im Modeviertel

Ob Tram, Fahrrad oder Buggy: Auf der Einkaufsmeile Via Torino herrscht stets hohes Verkehrsaufkommen

hinter dem Dom, erleben kann. Auch wer ***neueste Tendenzen im Design*** von Industrieformen bis zu Alltagsgegenständen sucht, wird sie hier, wo sie erdacht werden, finden. Die Scala, das Piccolo Teatro und die Pinakotheken Ambrosiana oder Brera sind Aushängeschilder für die führende Rolle der Stadt auf dem Sektor der schönen Künste – vor allem, weil in ihr Kultur auf großen und kleinen Bühnen, in Studios, bei Medienbetrieben und Verlagen entsteht und nicht nur museal verwaltet wird. Auch Phänomene der Massenkultur ***von der Werbung bis zum Fußball*** (Inter! Milan!) sind hier zu Hause. Technologie und Forschung haben sich Mailand mit seinen sieben Universitäten und unzähligen Fachinstituten längst zur Hauptstadt gewählt. In den Clubs und Musikcafés swingt, klingt und tanzt es das ganze Jahr über wie in den Diskos von Rimini zur Hochsaison. Nur etwas schicker, weniger provinziell – und viel teurer.

In Mailand erleben Sie das „andere", pulsierende Italien

Sogar der politische Populismus eines Silvio Berlusconi und seiner Partei Popolo della Libertà hatte in dieser Metropole eine Hochburg. Aber zugleich ist von hier aus Anfang der Neunzigerjahre unter dem Schlagwort „Mani pulite" („saubere Hände") die Justizkampagne gegen Korruption und illegale Parteienfinanzierung in Gang gekommen. Der Bürgersinn steht hoch im Kurs, die Bewohner setzen sich ein für die eigene Stadt, den eigenen Stadtteil. Nur ein Beispiel ist die ***funktionierende Mülltrennung***.

Mailand ist keine einfache Stadt, und das nicht nur in klimatischer Hinsicht (schwüle Sommer, nasskalte Winter). Sie ist laut bis in die späte Nacht und doch gibt es ***verträumte Winkel mitten im Zentrum*** wie den kleinen Park in der Via Giardini oder Donato Bramantes Kreuzgang von Santa Maria delle Grazie. Sie ist schnell und geschäftstüchtig bis zur Schmerzgrenze und doch sagt man ihr ein großes Herz nach, das zum Beispiel kranke ältere und schwache jüngere Menschen nicht ausschließt, wie die vielen Freiwilligenorganisationen zeigen. Sie ist anspruchsvoll bis zur Arroganz – und bietet zugleich Neuankömmlingen und Quereinsteigern Wege zum Erfolg. Sie hält mit ihrer Kirche Sant'Ambrogio auf lokale Traditionen und gibt sich zugleich als globaler Handelsplatz ***weltoffen wie keine andere italienische Stadt.*** Der angestammte Dialekt ist hier ebenso zu Hause, wie es fremde Sprachen sind. Chinesen leben an der Via Paolo Sarpi, Afrikaner bei der

Porta Venezia, Englisch ist längst die Lingua franca der Finanzmetropole und auch rund 20 000 Deutsch Sprechende wohnen und arbeiten in und um Mailand herum.

Noch immer gilt die Stadt als das Industriezentrum Italiens. Das ist jedoch lange her, wie die stillgelegten Fabriken bei der Via Procaccini zeigen, in die Kulturinstitutionen und Kommunikationszentren wie die Fabbrica del Vapore einziehen. In der ehemaligen Lokomotivenfabrik Ansaldo befinden sich heute ***die Bühnenwerkstätten der Scala, des Mailänder Operntempels.*** Eine neue Universität, mehrere Forschungseinrichtungen und sogar ein Musiktheater, das Teatro degli Arcimboldi, und die spannenden Ausstellungshallen zu zeitgenössischer Kunst, Hangar Bicocca genannt, haben das ehemalige Werksgelände der Reifenfirma Pirelli im Viertel Bicocca umgekrempelt. In der Innenstadt entstehen neue, vielgeschossige Verwaltungszentren, u. a. die Skyline Porta Nuova beim Garibaldi-Bahnhof. Und auf dem früheren Messegelände der Fiera ***bauen berühmte Architekten drei 240-m-Hochhäuser,*** während am westlichen Stadtrand bei Rho 2005 das größte Messegelände Europas nach Plänen von Massimiliano Fuksas eingeweiht wurde. Mailand ist dabei, seine Skyline radikal zu verändern.

Hier entstehen die neuesten Tendenzen im Design

Die Stadt zeigt sich ***dynamisch wie lange nicht*** mehr und unterstreicht mit vielen Firmensitzen und Dienstleistungsbetrieben ihre führende Rolle als Wirtschafts- und Finanzzentrum Italiens. In der Stadt werden zehn Prozent des italienischen Bruttonationaleinkommens erwirtschaftet und die Arbeitslosigkeit ist nur halb so hoch wie der nationale Durchschnitt. Hier leben rund 1,3 Mio. Menschen, im Umland, das längst mit Mailand zu einer einzigen Metropole verschmolzen ist, wohnen fast 5 Mio. 800 000 Menschen pendeln jeden Tag in die Stadt – da kann die Parkplatzsuche zum Abenteuer werden.

Ihnen werden Namen begegnen, die heute noch Kultcharakter haben: der Opernkomponist ***Giuseppe Verdi*** (1813–1901), der am Theater La Scala seine Triumphe feier-

SANT'AMBROGIO

Ambrosius, um 340 n. Chr. in Trier geboren, war Statthalter des Kaisers in Mailand und ließ sich dann vom Volk zum Bischof wählen. Als Bischof lebte Ambrosius in dauernder Spannung zwischen kaiserlichen und kirchlichen Interessen, die er mit diplomatischem Geschick auch durchsetzen konnte. Seine Reform der Liturgie („ambrosianischer Ritus") hat heute noch Gültigkeit. Und jedes Jahr am 7. Dezember, seinem Geburtstag, wird in Mailand groß gefeiert: in der Scala zur Spielzeiteröffnung mit Premierengarderobe, auf der Piazza vor der Kirche mit Budenzauber.

te. Dass Operntheater mal ein weit verbreitetes Volksvergnügen war, ist heute kaum mehr vorstellbar. Oder der hochverehrte Schriftsteller Alessandro Manzoni (1785–1873), dessen Mailänder Roman *Die Brautleute* (I Promessi Sposi) zur Spitzenliteratur Italiens zählt. Allgegenwärtig ist das Allround-Genie Leonardo da Vinci (1452–1519), Wissenschaftler, Ingenieur, Architekt, Künstler und die Ikone der Stadt: 20 Jahre hat er in Mailand verbracht, in der Zeit schuf er das berühmteste Wandgemälde aller Zeiten, eine Abendmahlszene im Kloster Santa Maria delle Grazie.

Giuseppe Verdis Grabmal: Der Komponist war ein Popstar im Mailand des 19. Jhs.

Mailand öffnet sich, wird bunter, entspannter: Junge Leute machen lockere Lokale und ausgefallene Läden auf, spannende Museen sind in den letzten Jahren entstanden wie das Museo del Novecento, das Mudec oder die Kunststiftung Prada. **Alte Stadtteile werden neu entdeckt.** Ein Event jagt den nächsten, zu Musik, Food, Sport und natürlich Mode und Design, dabei wird die ganze Stadt bespielt, die Palazzi und Lofts, ja selbst das Dach des Doms. Gehen Sie auf Schatzsuche, fast alles ist fußnah: Durch die Portale der Palazzi entdecken Sie verschwiegene Gartenoasen, graue Fassaden öffnen sich zu ***bezaubernden Innenhöfen***. Hinter anonymen Ecken tauchen Kleinode der Architektur vergangener Jahrhunderte auf. Dabei hat die Stadt nichts Museales, sie lebt voll im Hier und Jetzt.

Bezaubernde Innenhöfe und Meisterwerke der Kunst

Mailand leuchtet auch, wenn es dunkel wird: Der helle Stein im Kunstlicht macht den Dom zum glänzenden Solitär, geheimnisvoll blau schimmert's vom Dach der Scala-Verwaltung und das Castello Sforzesco kommt abends in weißem Lichterglanz zur Geltung.

IM TREND

1 Hidden Places

Sehr spezielle Orte Immer wieder ziehen die Kultur-*Digger* los, spüren vergessene Orte auf, oft unterm Asphalt. Und beleben sie neu. Z. B. die öffentlichen Bäder der 1920er-Jahre in schönem Art déco: Hinunter ins *Cobianchi (www.circolocobianchiduomo.it)*, heute von einem Literaturverein bespielt, der hier auch Ausstellungen organisiert, geht es am Domplatz, Ecke Via Silvio Pellico. Ein weiteres altes öffentliches Bad, das *Albergo Diurno Venezia (zu Kulturevents geöffnet)*, erstreckt sich unter der Piazza Oberdan an der Metrostation Porta Venezia *(Foto li.)*. Auf der Piazza XXV Aprile führt neben der Porta Garibaldi eine unscheinbare Treppe hinunter in die Galerie *Grossetti Arte Contemporanea (www.grossettiart.it)* mit zeitgenössischer Kunst. Sie hat ihren Platz an den Fundamentresten der alten spanischen Stadtmauer gefunden. Die mittelalterliche Basilika San Giovanni in Conca ist längst abgerissen, aber ihre stimmungsvolle *romanische Krypta (Di–So 9.30–17.30 Uhr) (Foto re.)* liegt noch unterm Asphalt der Piazza Missori, Ecke Via Albricci.

2 Go green

Landpartie in der Großstadt Gras unter den Füßen, stressfrei, schlicht. Und auf dem Tisch Produkte von Gutshöfen im Umland. Die beschaulichste Idylle liegt mitten in der Stadt: die INSIDER TIPP *Cascina Cuccagna (www.cuccagna.org)* an der Porta Romana mit Laden, Café, Liegestühlen auf der Wiese, Hostel und gehobener Bioküche *(www.unpostoamilano.it)*. Am Kanal Naviglio Pavese wird im idyllischen Gartenlokal *Erba Brusca (Alziaia Naviglio Pavese 286 | www.erbabrusca.it)* mit Zutaten aus eigenem Anbau gekocht. Im Norden erfrischt man sich in der *Cascina Martesana (Via Luigi Bertelli 44 | www.cascinamartesana.com)* beim Radeln längs des Kanals Martesana *(Foto)* oder trifft sich zum Grillen.

In Mailand gibt es viel Neues zu entdecken. Das Spannendste auf diesen Seiten

Im Bierrausch

3

Birra artigianale Frisch gebrautes, nicht pasteurisiertes Bier – *chiara, bionda, rossa, scura* – aus kleinen *birrifici*, Brauereien, ist Kult. Für Alex Marelli vom *Hopsbeershop (Via Montebello 14)*, dem kleinen, gut sortierten Bierladen und Ausschank in Brera, sind die Craft Biere aus Bergamo die besten. In Mailand hat der Bierboom mit der INSIDER TIPP *Brauerei Lambrate (www.birrificiolambrate.com)* im Vorort Lambrate begonnen, mit zwei beliebten Pubs *Via Adelchi 5 und Via Golgi 60* in Lambrate. Mehrere Bierkneipen betreibt die Brauerei *BQ Birra Artigianale* aus Sondrio, eine davon am *Naviglio Grande (Alzaia Naviglio Grande 44 | www.bqmilano.it)*. Auch das erste italienische Klosterbier kommt aus Mailand, Benediktinermönche brauen es auf dem Gutshof *Cascina Cascinazza (birracascinazza.it)*.

Junge Modetalente

4

Hier werden Designerträume wahr Nachwuchs-Modeschöpfer unterstützt die *Camera Nazionale della Moda Italiana (www.cameramoda.it)*, z. B. durch Projekte wie den *Fashion Hub Market*, auf dem sie ihre Kollektionen bei der *Milano Moda Donna* präsentieren dürfen. Neue Labels haben ihren Auftritt während der Fashion Weeks auch bei *White Milano (www.whiteshow.it)* im Superstudio Più in der Zona Tortona. Neue Wege mit recycelten und natürlich bearbeiteten Materialien beschreiten junge Designer unter Slogans wie *Slow Fashion* oder *So critical so fashion* etwa auf der alljährlichen Messe *Fa la cosa giusta (www.falacosagiusta.org)* im März.

FAKTEN, MENSCHEN & NEWS

GLÜCKLICHE STUNDE

Der Aperitif gehört zu dieser Stadt wie die Olive in den Dry Martini. Egal, ob in der Stammbar nebenan, auf der angesagten Roofterrasse oder in der schicken Bar eines Luxushotels: gegen 18.30 Uhr beginnt das wunderbar urbane Ritual des Aperitivo. Auch Happy Hour genannt, fällt beim Aperitif endlich der Stress des hektischen Tages ab und Sie erleben den Mailänder entspannt mit Freunden und ja, auch mit Arbeitskollegen. Man bespricht den Wochenendausflug, die nächste Vernissage, welches neue Lokal man ausprobieren sollte. Die Barkeeper laufen zu Hochform auf, mixen Spritz, Negroni und Moscow Mule. Kein Wunder, dass der rote Campari, Basis für viele Drinks, in Mailand erfunden wurde. Dazu gibt es raffinierte Fingerfood-Buffets, Schälchen mit Pasta, Risotti, Couscous und rohem Gemüse – fast ein Abendessen. Besser noch: Oliven und Salzgebäck. Denn der Aperitivo ist ja vor allem dieser magische Augenblick, in dem man sich vom Alltag löst, um dann mit befreit und schwungvoll in den Abend bzw. zur *cena* überzugehen.

DESIGNERS TRAUMSCHMIEDE

Man nehme Stoff oder Leder, nähe daraus einen großen tropfenförmigen Sack und fülle ihn mit Styroporkügelchen. Das machten drei junge Mailänder Designer und schufen daraus ein kultiges Sitzmöbel. Sie nannten es schlicht *sacco*, Sack. Dieser Sitzsack aus den 1960er-Jahren

 Bild: Designermöbel

Mode und Design, Rap und Aperitif: Mailand ist ein Durchlauferhitzer für Stilfragen aller Art

lümmelt längst in den großen Designmuseen der Welt herum, und immer noch aktuell, wird er nach wie vor produziert. Schräge Assoziationen, Ideenspiele ohne Normzwang und lässige Ästhetik im Alltagsleben, das steht hinter dem Design „Made in Italy". Natürlich ist Mailand sein Zentrum. Weil hier nicht nur die kreativen Köpfe sitzen, sondern auch, ganz wichtig, die Macher. Das sind die mutigen Firmen, die bereit sind, die verrückten Einfälle der Designer umzusetzen und auf den Markt zu bringen. Mit der Zeit ist ein Netz aus experimentierfreudigen Herstellern in der Lombardei rund um Mailand gewachsen – Zanotta, Molteni, Artemide, Kartell, Cassina heißen sie. Die Fachleute sprechen vom „Mailänder Modell" und dass das einmalig auf der Welt sei. Dieser großen lombardischen Designtradition können Sie im Designmuseum Triennale und in den Showrooms von Artemide oder Kartell nachspüren. Und während sich die Fachleute im April zur Designmesse, dem *Salone Internazionale del Mobile* treffen, zeigen junge Talente in Hinterhöfen und Garagen ihre Projekte und die ganze Stadt verwandelt sich in ein einziges spannendes Atelier, den *Fuorisalone.*

PRADA UND MEHR

Immer nur Fashion? Das ist selbst den großen Luxuslabels zu wenig. Die Marken, die seit Jahrzehnten das Bild Mailands als internationale Modestadt prägen, wollen mehr – für ihre Stadt und für ihr Image in dieser Stadt. Es sind Modeschöpfer wie Miuccia Prada, die ihr milliardenschweres Imperium aus der Lederwarenwerkstatt ihres Großvaters schuf. Wie Giorgio Armani, der mit seinen „destrukturierten" Jacken dem Blazer alles Steife und Formale nahm, er wurde schmiegsam und von nonchalanter Eleganz und seither tragen ihn alle, Männer wie Frauen. Diese Modemacher gestalten das heutige Mailand mit, jeder auf seine Art. So hat Giorgio Armani ein Museum zum Thema Mode eröffnet – die *Armani Silos* (s. S. 46) sowie ein elegantes *Suitenhotel (Via Manzoni 31)*. Dolce & Gabbana drücken der *Bar Martini (Corso Venezia 15)* ihren cool-pompösen Stempel auf. Trussardi macht mit einem *Spitzenrestaurant* und *Temporary Art Events* von sich reden. Den spannendsten Spot leistet sich Prada: ein spektakuläres Ausstellungszentrum am südlichen Rand der Innenstadt *Fondazione Prada (Largo Isarco 2)*. Spektakulär, weil Stararchitekt Rem Koolhaas alte Industriegebäude raffiniert mit Neubauten kombiniert hat und darin aufregende neue Kunst gezeigt wird.

KOKAINPARTY UND STINKEFINGER

Ja, in Mailand wird gekokst, das weiß jeder. Und zwar doppelt so viel wie anderswo in Italien. Woher man das weiß? Etwa aus den Rückstandsanalysen der

SPORT-SCHAU

Wenn die beiden Mailänder Fussballclubs zum Derby, genauer zum *Derby della Madonnina* (Sie wissen schon, die goldene Schutzmadonna auf dem Dom) antreten, dann bebt das grandiose alte *Stadio San Siro* (s. S. 48). Endlich mal wieder sold out und kochende Stimmung. Dem echten Fußballfan schlägt das Herz höher beim Gedanken an die beiden glorreichen Fußballvereine Mailands, Respekt ist ihnen nach wie vor sicher, auch wenn sie in den letzten Jahren Ermüdung gezeigt haben. Im *calcio* ist die Stadt seit Langem zweigeteilt: in rot-schwarz gestreifte *milanisti*, das sind die Fans von AC Milan, und blau-schwarz gestreifte *interisti*, die Anhänger von Inter. Fan ist man von Geburt an, politisch-traditionell ist Inter eher eine linke Herzensangelegenheit, Milan eher rechts verbunden. Aber das sind wohl alte Zeiten. Heute gehören beide Clubs chinesischen Investoren und da sind ganz andere Dinge gefragt. Spielfleiß, um wieder zu Königsmarken im internationalen Ranking zu werden. Auf *www.italienfussball.de* finden Sie die Spielpläne und können Tickets buchen, wie auch direkt am Spieltag an den Stadionkassen, denn ausverkauft kommt kaum noch vor. Interessant ist der Blog zum italienischen Fußball des am Lago Maggiore lebenden Deutschen Kai Tippmann: *www.altravita.com*

städtischen Abwässer. Eine unangenehme Wahrheit, die Italiens berühmtesten Streetart-Künstler Blu, der wie der englische Banksy nur unter seinem Künstlernamen bekannt ist, zu seinem Murales an der Außenwand des *PAC, der Halle für zeitgenössische Kunst,* inspiriert hat: Es zeigt eine monströse Koksparty. Sie scheidet die Geister, von denen die einen, so auch das PAC selbst, diese Party gern übermalen würden. Aber Kunst legt nun mal den Finger in die Wunde. Der Künstler Maurizio Cattelan tut das mit einem riesigen Stinkefinger aus weißem Marmor, den er der *Mailänder Börse* an der Piazza degli Affari zeigt. Die Finanzleute, die diesen Finger täglich vor ihren Bürofenstern vorgehalten bekommen, finden das natürlich nicht so lustig. Es wird gekämpft, und irgendwie zeigt das ja eher etablierte Mailand hier seine mutige Seite.

MAILAND, ICH SING DIR EIN LIED

Denken Sie jetzt nicht an gefühlvolle Schnulzen auf die Stadt, mit ewiger Sonne und blauem Meer, hat die Stadt nicht, deshalb machen die Neapolitaner das auch viel besser. Die hiesigen Liedermacher behandeln ihre Stadt eher mit Hassliebe. Zur Zeit sind es Rapper wie J-Ax, Fedez oder Emis Killa. Letzterer spricht es deutlich aus: *Milano male* – böses Mailand voller Heuchelei und Härte hinterm schönen Schein, aber trotzdem ein Teil von ihm. Fedez nennt seinen Rap *Milano bene*: Das sind die Herren mittleren Alters mit den dicken Brieftaschen in den Separees, in die die Türsteher ihn, barfuß und mit dem falschen Shirt, nicht hineinlassen. So wartet er draußen auf sein Mädchen. Ein bisschen Gossip muss sein: Fedez hat sein Mailänder Mädchen gefunden, zur Zeit ist das die Starbloggerin Chiara Ferragni.

BUNTE VÖGEL AUF DEN FASHION WEEKS

Er lebt, der große exotische Papagei, der auf der Schulter einer Dame sitzt, die auf der Via Montenapoleone ihr farbenfrohes Outfit spazieren trägt: Wer ist hier der buntere Vogel? Wenn die Fashion Weeks in Mailand steigen, ist hier richtig

Will gut geplant sein: die Outfit-Beschaffung zur Fashion Week

was los: Ende Februar und Ende September werden die neuen Kollektionen Moda Donna vorgestellt, im Januar und Juni sind die Männer dran. Hinter verschlossenen Türen steigen die Schauen und Partys der berühmten Modemarken. Aber auf der Straße kann jeder mitmachen: Einfach umwerfend, was da mancher an Farben, Schnitten und Gestaltungslust zur Schau trägt. Angesagt sind mit Pelz gefütterte Lederpantoffeln. Das Ganze hat etwas von einem Karneval, von der Lust, mit sich zu spielen, in eine andere Haut zu schlüpfen. Die Streetstyle-Parade staut sich vor den Locations, in denen die Modelabels ihre neuen Kollektionen zeigen. Vor den Türen warten Fotografen, Blogger, Schaulustige (und wir) mit gezückten Kameras und Smartphones auf die Fashionpeople und die

Models, wenn die Schau vorbei ist. Wer will schon auf den Gästelisten stehen, wenn beim Stadtbummel in diesen Tagen so viel inspirierende Outfits zu sehen sind. Zu Kalender und Locations: *www.cameramoda.it*

AN DEN WOLKEN KRATZEN

Auch die Muttergottes kann den Höhenflug Mailands nicht mehr stoppen. Eigentlich galt lange, dass kein Haus die goldene Madonnenfigur – seit 1773 krönt sie die höchste Spitze des Doms (108 m) – toppen durfte, mit ihren 4 m Höhe und tonnenschwer von den Mailändern dennoch liebevoll Madönnchen – Madonnina – genannt. Die ehemals eher niedrige Bürgerstadt eifert heute den Weltstädten nach: Als sei ein neues Zeitalter angebrochen, wächst und wächst die Skyline. Besonders deutlich sehen Sie das am Bahnhof *Porta Garibaldi*. Mit den Hochhäusern für die Verwaltung der Region Lombardei (161 m) wurde 2010 die Latte weithin sichtbar höher gelegt, und erst recht ein Jahr später, 2011, mit dem Turm für die Großbank Unicredit. Italiens höchstes Gebäude kratzt mit seiner 231 m hohen Spitze buchstäblich an den Wolken. Zur Hochhausenklave gehören auch die beiden begrünten Wohntürme, *Bosco Verticale* genannt, die preisgekrönte stylische Stadtmarke für Mailand green & smart. Der Lieblingswolkenkratzer der Architekturfans steht aber ganz woanders, direkt vor dem Hauptbahnhof: Von 1959 ist der elegante schmale Turm, als Sitz für die Pirelli-Reifenfirma errichtet und für viele das eigentliche Symbol Mailänder Modernität.

BLONDER SALAT

Langes blondes Seidenhaar und die Lust an der Selbstdarstellung, garniert mit fashionable Bits & Pieces, und dazu einen geschäftstüchtigen Partner noch aus der Schulzeit. Klingt für den Anfang

LESEHUNGER & AUGENFUTTER

Die ganz große Nummer – Andrea De Carlo, Schriftsteller, Rockmusiker und einst Assistent Federico Fellinis, erzählt von Alberto und Raimondo: In dem Roman (2004) flunkern die charmanten Mailänder Jungs der ganzen Welt etwas vor, aber vor allem sich selbst

Einfach losfahren – Fabio Volo aus Brescia, ehemals Bäcker, DJ, Radiomoderator und derzeit der erfolgreichste Autor Italiens, lässt Sie in seinen lebensnahen Storys (2009) um Liebe, Freundschaft, Job an der Gefühlswelt der Italiener von heute mit Humor und Leichtigkeit teilnehmen

Ich bin die Liebe – In Luca Guadagninos Film von 2009 spielt Tilda Swinton eine Dame aus dem feinen Mailänder Bürgertum auf Liebesumwegen, und das im phantastischen Ambiente der *Villa Necchi Campiglio* (s. S. 34)

Das Wunder von Mailand – 1951 drehte Vittorio de Sica in der Stadt diesen Klassiker. Italiens Nationalheld Totò in der Hauptrolle der Komödie kämpft mit Hilfe von Schutzengeln und einer magischen Taube gegen gierige Spekulanten. Weil der Film ein Märchen ist, war er sehr erfolgreich

harmlos, aber schon mal ganz gut. Als Chiara Ferragni 2009 ihren Modeblog *The Blonde Salad (www.theblondesalad.com)* gründete, hätte sie es sich nicht träumen lassen, heute zu den erfolgreichsten Bloggern der Welt zu zählen. Ihr Gespür für kreatives Styling hat ihr über 6 Mio. Follower auf Instagram eingebracht und den schwindelerregenden Umsatz von 8 Mio. Euro, Tendenz steigend. Das viele Geld verdient sie als Influencer für bestimmte Modelabels. Denn die Modemarken haben erfolgreiche Blogger längst als potente Werbeträger entdeckt. Chiara ist schon einen Schritt weiter: Mittlerweile selbst eine Marke hat sie nun eine eigene Schuhkollektion, mit einem ersten Mailänder Store in Planung. Wann und wo, wird sie rechtzeitig auf ihrem Blog verraten. Übrigens verrät sie dort auch, wo sie in Mailand am liebsten essen geht und in welchem Spa sie sich verwöhnen lässt.

GRÜNER ALS MAN DENKT

Sie können im *Bosco Verticale* wohnen, in Italiens berühmtestem Hochhauspaar (111 m und 78 m), über Airbnb ist das möglich. An seinen Fassaden wachsen Tausende von Bäumen und Sträuchern senkrecht hoch, das ist nicht nur schön, sondern auch smart: ein neues Öko-Experiment, nämlich auf natürliche Weise zu klimatisieren und dabei luftreinigenden Sauerstoff zu produzieren. Typisch für Mailand, dem Smog mit so viel Stil den längst überfälligen Kampf anzusagen. Aber man tut auch sonst eine Menge: 5000 öffentliche Bikes kann man sich an vielen Ecken ausleihen für ein Netz aus immerhin 185 km Fahrradwegen. Mailand steht im italienischen Vergleich auf Platz 1 zum Thema Carsharing, Nutzung des guten Nahverkehrsnetzes, im Einsatz von mit Metan betriebenen Bussen und PKWs, sogar eine der Metrolinien wird mit Solarenergie bewegt, und das Zentrum darf nur mit einer Öko-Maut befahren werden. Dazu sinken die PKW-Anmeldungen pro Einwohner seit Jahren. Im europäischen Vergleich soll die Stadt in der Mülltrennung sogar besser als Wien sein. Augenfällige Trends sind Bio-Supermärkte (z. B. NaturaSi), Bio-Restaurants, Bauernmärkte mit Bioprodukten, Tauschbörsen und immer mehr junge Designer, die sich fürs Upcycling und Recycling stark machen.

War 1959 Mailands erster *grattacielo*: das 127 m hohe Pirelli-Hochhaus

SEHENSWERTES

> **CITY WOHIN ZUERST?**
> Die zentrale **Piazza del Duomo (131 D4)** ***(🕮 K5)*** wirkt wie ein Magnet, denn von hier gelangt man strahlenförmig in kurzen Spaziergängen zu den Hauptsehenswürdigkeiten der Stadt. Vom Hauptbahnhof führt die gelbe Metrolinie 3 Richtung San Donato zum Domplatz (Haltestelle Duomo). Parkhäuser im Zentrum sind z. B. das Parkhaus des Kaufhauses *La Rinascente (Via Agnello 13)* sowie 100 m südlich des Domplatzes das Parkhaus *Autosilo Diaz (Piazza Armando Diaz 6)*. Die Innenstadt ist *ecopass*-pflichtig (s. „Praktische Hinweise").

Sie können spielend eine Woche mit Hochkultur füllen, mit den Werken großer Meister wie Leonardo da Vinci und Caravaggio. Neue Kunst finden Sie in ehemaligen Industriehallen, aber auch in prachtvollen Palazzi. In Hinterhöfen oder Showrooms lässt sich die Designszene aufspüren. Und dann natürlich das zentrale Thema Shopping: Kaum eine Stadt ist dafür besser gerüstet, vom Edelkaufhaus zum Vintagemarkt.

Alles ist erstaunlich fußnah, man treibt von einem Punkt zum nächsten: Vom Domplatz durch die grandiose Galleria Vittorio Emanuele II auf die Piazza della Scala mit Italiens berühmtestem Operntheater. Dann weiter ins hübsche ehemalige Künstlerviertel Brera mit originellen Boutiquen, Design- und Antiquitätenlä-

 Bild: Gallerie d'Italia

Mailand ist keine Stadt, die sich auf den ersten Blick erschließt – sie will entdeckt werden

den. Über den alten Dächern sehen Sie die neuen Hochhäuser am Bahnhof Porta Garibaldi wachsen, zu deren Füßen Grünanlagen, Stores und Cafés auf Sie warten. Vom Domplatz sind Sie Richtung Nordosten in zehn Minuten im Quadrilatero della Moda um Via Monte Napoleone und Piazza San Babila mit all den glamourösen Luxusstores. Genauso kurz ist der Weg über die Shoppingmeile Via Dante und schon stehen Sie vor der imposanten Fassade des Kastells, hinter der sich Mailands grüne Lunge, der Parco Sempione, erstreckt. Richtung Südwesten bummeln Sie über die Via Torino und den Corso Porta Ticinese, gesäumt von Läden, Cafés, und ja, von 16 imposanten Säulen aus römischer Zeit: Auch in der Antike war Mailand schon groß und wichtig, die zweite Stadt nach Rom. Und schon sind Sie im idyllischen Kanalviertel Navigli angelangt. Gleich daneben geht es über eine Eisenbahnbrücke in ein ehemaliges Industrie- und Arbeiterviertel, die Zona Tortona, jetzt Szenekiez der Kreativen.

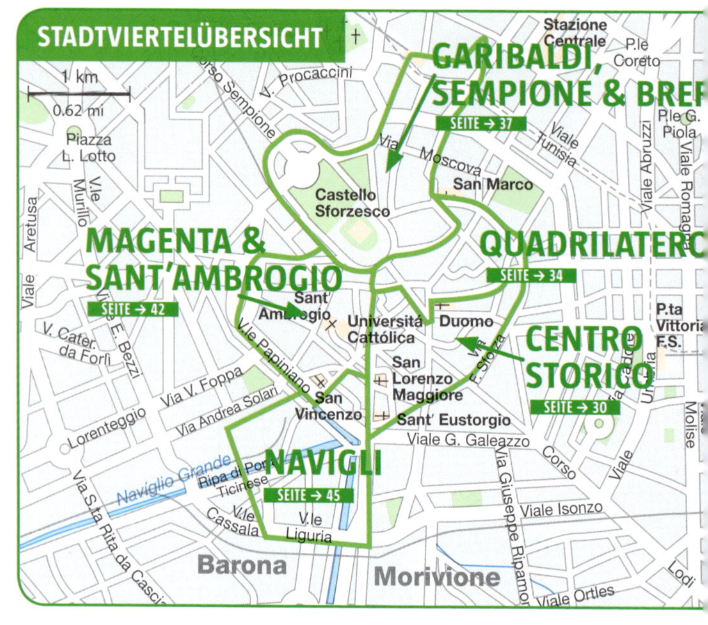

Die Karte zeigt die Einteilung der interessantesten Stadtviertel. Bei jedem Viertel finden Sie eine Detailkarte, in der alle beschriebenen Sehenswürdigkeiten mit einer Nummer verzeichnet sind

Die Zeit, Kriege und vor allem, dass die Mailänder nie stillstehen, schlägt immer wieder Lücken, unterschiedliche Baustile stehen dicht an dicht: Prachtvolle Fassaden der Adelspalazzi aus dem 17. und 18. Jh. wechseln sich ab mit stattlichen Bürgerhäusern der Jahrhundertwende, mit bizarr dekorierten Liberty-Palazzi aus den ersten Jahren des 20. Jhs. Dann die Wuchtbauten der 1930er-Jahre wie der Hauptbahnhof, die Börse und der Justizpalast. Schließlich der Bauboom der Nachkriegszeit, ein Wechselspiel aus anonymen Gebäuden und Hocheleganten. Und heute die gläserne Skyline: Mailand ist im neuen Jahrtausend angekommen. Dazwischen versuchen sich hier und dort uralte Kirchen und verschwiegene Plätzchen zu behaupten. Ja, die Stadt hat viele Gesichter, es ist spannend, sie zu entdecken. Das einer typisch italienischen Altstadt hat sie nicht. Ein Blick auf den Stadtplan, und man kann ein wenig von ihrer Vergangenheit erkennen: Denn dieGeschichte legt sich in Ringen ums Zentrum – im heutigen Straßenverlauf noch gut nachzuvollziehen. So der einstige Mauerring, der unter den mächtigen Familien des Mittelalters und der Renaissance, den Visconti und den Sforza, entstand. Dieser sogenannte *cerchio dei navigli,*, der Sant'Ambrogio, San Lorenzo und Ca' Granda streift, war noch bis in die 1930er-Jahre von *navigli*, Kanälen, umflossen. Unter der spanischen Fremdherrschaft ab Mitte des 16. Jhs. bis 1700 breitete sich die Stadt weiter aus und es entstand der nächste

Ring: der Befestigungsgürtel *cinta dei bastioni*: Ein Stück dieser Stadtmauer sieht man noch an einem der Stadttore, der Porta Romana. Die Tramlinie 9 folgt ihm vom Hauptbahnhof ab und führt an den meisten Stadttoren vorbei, wie Porta Venezia, Porta Vittoria, Porta Ticinese bis zur Porta Genova.

Gehen Sie auf Schatzsuche: Sobald sich ein Portal öffnet, trauen Sie sich hinein – vielleicht entdecken Sie einen von Säulen gesäumten Innenhof, eine lauschige Gartenidylle, ein Atelier oder eine volkstümliche *casa ringhiera*, so heißen die Wohnblöcke, in deren Innenhöfen man über durchlaufende Außenbalkone in die Wohnungen gelangt. Wunderbare Museen zeigen die Kostbarkeiten, die sich im Laufe der Jahrhunderte in der Stadt angesammelt haben: Etwa die Pinakothek in Brera, eine der wertvollsten Gemäldesammlungen Italiens. Oder Sie steigen in den 2. Stock in Via Giorgio Jan 15, gehen hinein in die Wohnung der Industriellenfamilie *Boschi Di Stefano*. Die hat so viel interessante Kunst der italienischen Moderne gesammelt, dass kein Zentimeter Wand mehr frei ist. Das Privatmuseum gehört zu den sogenannten *Case Museo*, eine Mailänder Besonderheit: Ehemalige Privathäuser, die man besuchen kann, etwa kostbar ausgestattete Palazzi aus vergangenen Jahrhunderten, Künstlerateliers oder, mitten im Zentrum, eine durchgestylte Villa aus den 1930er-Jahren in verwunschenem Garten. Wer bei der Fülle an Schönem den Überblick übers Ganze verloren hat, steigt der Stadt am besten aufs Dach: Zwischen Statuen von Heiligen und Dämonen spazieren Sie über die Dachterrassen des Doms, die Stadt und die fernen Alpen im Blick, tief unten auf dem Domplatz das Treiben der Menschen. Vom Roofcafé des Kaufhauses *La Rinascente* gleich nebenan ist der Dom zum Greifen nah. Und wie gewaltig die Kastellanlage

MARCO POLO HIGHLIGHTS

★ Dom Santa Maria Nascente
Eine Kathedrale, der Sie aufs Dach steigen können → S. 30

★ Cenacolo Vinciano („Abendmahl")
Ein Bild, dem falsche Bärte abgenommen wurden → S. 42

★ Galleria Vittorio Emanuele II
Mailands schönstes Schaufenster → S. 35

★ Museo Poldi-Pezzoli
Kunstgenuss so intim wie in Privaträumen → S. 36

★ Castello Sforzesco
Residenz, Wehranlage – und ein Vorbild für den Kreml → S. 38

★ Torre Branca
Mit dem Fahrstuhl in die Aussichtskabine hoch über der Stadt → S. 41

★ Navigli
Historische Kanäle und gegenwärtige Bars → S. 45

★ Museo del Novecento
Bahnbrechende Künstler der italienischen Moderne des 20. Jhs. → S. 32

★ Sant'Ambrogio
Geschichte gleichsam zum Einatmen → S. 44

★ Pinacoteca di Brera
Weltberühmte Bilder vom Mittelalter bis zur Moderne → S. 40

ist, sieht man am besten vom Aussichtsturm Torre Branca im Sempione-Park.

CENTRO STORICO

Magnet oder Stern: in seiner Grandezza ist der Dom beides. Seine Strahlkraft begleitet die Menschen seit Jahrhunderten, sie verleiht der Stadt eine besondere Aura. Und wie ein Gral hütet er in seinem grandiosen Innern ehrfürchtige Mystik – ja, in dieser materiellen Stadt.

Am Domplatz beginnt die Schatzsuche. Unter ihm kreuzen sich die U-Bahnlinien, hier unten meldet man sich auch für die Benutzung eines der orangefarbenen Fahrräder an. Oder besorgt sich eine Karte für den Opernabend in La Scala. Und im Touristenbüro *Urban Center* am Ende der Galleria Vittorio Emanuele II bekommen Sie die aktuellsten Infos.

1 CA' GRANDA (131 E5) *(🕮 K–L 5–6)*

Die Studenten gehen in diesem grandiosen Gebäudekomplex – seit 1958 Hauptsitz der Universität – ein und aus, mit ihren Laptops hocken sie unter den Säulen der riesigen Innenhöfe. Kaum vorstellbar, dass hier über Jahrhunderte, noch bis 1939, Kranke und Arme um ihr Leben kämpften. Denn das „große Haus" war im 15. Jh. von den Sforza-Fürsten als städtisches Spital gegründet worden. *Via Festa del Perdono 5 | Metro 1, 3 Duomo, Missori | Tram 16, 24 | Bus 77, 94*

2 DOM SANTA MARIA NASCENTE  (131 D–E4) *(🕮 K5)*

Leicht ist es nicht, in den Dom hineinzukommen. Lange Schlangen warten vor den Eingangsportalen, immerhin besichtigen ihn jedes Jahr 4 Mio. Menschen. Beim Warten hat man Zeit, dieses gewaltige und zugleich filigrane Kirchengebirge aus Marmor in allen Grau- und Weißtönen zu bestaunen. Trotz der langen Baugeschichte vom 14. bis ins 19. Jh. sind

Mailands Herz schlägt ganz in Weiß: Dom Santa Maria Nascente

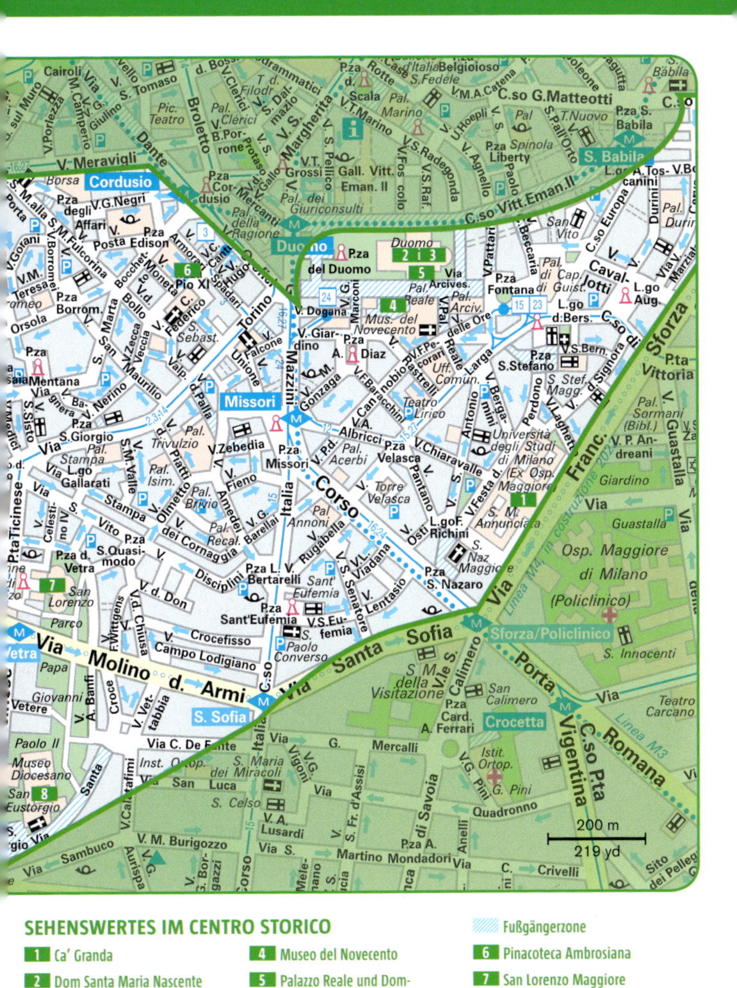

SEHENSWERTES IM CENTRO STORICO

- 1 Ca' Granda
- 2 Dom Santa Maria Nascente
- 3 Domdach
- 4 Museo del Novecento
- 5 Palazzo Reale und Dommuseum
- 6 Pinacoteca Ambrosiana
- 7 San Lorenzo Maggiore
- 8 Sant'Eustorgio

Fußgängerzone

die Generationen von Baumeistern einem Stil, dem der lombardischen Gotik, treu geblieben: ein harmonisches Gesamtgebilde. Mit seiner Außenlänge von 158 m und einer Grundfläche von 11 400 m² gehört der Dom zu den größten Kirchen der Christenheit. Im fünfschiffigen Innenraum fällt durch riesige Fenster farbig gebrochenes Dämmerlicht. In diesem mystischen Licht schreitet man durch einen Wald aus 52 Säulen. Vor der Statue des heiligen Bartholomäus (1562) bleiben alle erschrocken stehen, denn der schlingt seine abgezogene Haut wie ein Tuch um sich. Der Zugang zu Ausgrabungen der Antike und den Fundamenten der Vorgängerbauten *(tgl. 9–19 Uhr / 7 Euro inkl. Dom und Dommuseum)* liegt im Innenraum nahe dem Hauptportal. *Tgl. 8–19 Uhr / 3 Euro inkl. Dommuseum, Ticketverkauf neben und hinter dem Dom / Piazza del Duomo / www.duomomilano.it / Metro 1, 3 Duomo*

3 DOMDACH (131 D–E4) (K5)

Welchem Dom kann man schon aufs Dach steigen? Hier bringt Sie sogar ein Fahrstuhl hinauf. Der Ausblick ist fantastisch, und Sie sind den steinernen Dachbewohnern, Hunderten von Heiligen, Dämonen und Getier, ganz nah. Auch der tonnenschweren, über 4 m hohen Madonna, von unten eher ein Madönnchen, *Madonnina*, wie die Mailänder sie liebevoll nennen. Damit sich die Bombenflieger im 2. Weltkrieg nicht an ihrem goldenen Leuchten orientierten, deckte man sie mit schwarzem Tuch ab. *Tgl. 9–19 Uhr, im Sommer länger / 9 (mit Fahrstuhl 13) Euro / Piazza del Duomo, Treppenzugang von der Nordseite gegenüber vom Kaufhaus La Rinascente, Fahrstuhl genau gegenüber auf der Südseite / www.duomomilano.it / Metro 1, 3 Duomo*

4 MUSEO DEL NOVECENTO ★ (131 D–E4) (K5)

Von der Terrasse des Palazzo dell'Arengario hielt der faschistische Diktator Benito Mussolini einst flammende Reden an die Massen auf dem Domplatz. Heute leuchten Ihnen durch die Fenster des eleganten Baus aus den 1930er-Jahren die Neonschleifen eines der Großen der Moderne, Lucio Fontana, den Weg in die sehenswerte Sammlung zur italienischen Kunst des 20. Jhs. Italien hat ja auch moderne Meister. Das beginnt mit den Futuristen – der Avantgarde zu Beginn des Jahrhunderts, von ihnen ist die Figur auf dem italienischen 20-Centstück. Wichtige Namen sind Giorgio De Chirico oder Marino Marini, es folgen die „arme Kunst", die Arte Povera der Siebzigerjahre, und aktuelle Videokunst. *Mo 14.30–19.30, Di, Mi, Fr, So 9.30–19.30, Do und Sa 9.30–22.30 Uhr / 10 Euro inkl. Ausstellung / Via Guglielmo Marconi 1 / museodelnovecento.org / Metro 1, 3 Duomo*

5 PALAZZO REALE UND DOMMUSEUM (131 D–E4) (K5)

Ja, Mailand hatte gleich neben dem Dom auch einen Palast für Könige. Napoleon hat hier geschlafen, im Dom nebenan hatte er sich 1805 zum König über Italien krönen lassen: Nach den Plänen von Giuseppe Piermarini, dem Starbaumeister des 18. Jhs., entstanden, ist der neoklassizistische *Palazzo Reale* heute Ort hochkarätiger Ausstellungen. Im *Museo del Duomo (Di–So 10–18 Uhr / www.duomomilano.it)* im linken Flügel fasziniert, wie schön die Domschätze, kunstvolle Statuen, Fenster, liturgische Geräte, hier in Szene gesetzt sind. *Mo 14.30–19.30, Di, Mi, Fr, So 9.30–19.30 Uhr, Do, Sa 9.30–22.30 Uhr / 14 Euro Palazzo und Ausstellung / Piazza del Duomo 12 / www.palazzorealemilano.it / Metro 1, 3 Duomo*

6 PINACOTECA AMBROSIANA (130 C4) (J5)

Westlich des Domplatzes tummeln sich Geschäftsleute zwischen Banken und Büros. Aber zugleich geht es hier über eine kleine ruhige Piazza in diese alte Geistesschule. Als Kardinal Federico Borromeo 1618 seine Gemäldesammlung und eine Bibliothek aufzubauen begann, hatte er eine Mission: Schöne Künste und die Wissenschaften sollten der Öffentlichkeit zugänglich sein, nicht nur einer Elite. In der Pinacoteca zählt ein kleines Bild zu den größten Schätzen: schimmernde Tautropfen auf reifen Trauben neben Wurmlöchern im Apfel. Das Leben in all seiner

Schönheit und Vergänglichkeit in einem Obstkorb, dem *canestra di frutta*, den der große Künstler Caravaggio 1599 malte. Und die *Biblioteca Ambrosiana* hütet den „Codex Atlanticus", 1119 Blätter, auf denen Allroundgenie Leonardo da Vinci seine Studien zu Anatomie, Physik und Mechanik festgehalten hat. Sie werden digital gezeigt. *Di–So 10–18 Uhr | 15 Euro | Piazza Pio XI 2 | www.ambrosiana.eu | Metro 1, 3 Cordusio, Duomo*

7 SAN LORENZO MAGGIORE (130 B6) (*J6*)

Südwestlich des Domplatzes geht es auf die lebhafte Bummelmeile Via Torino und weiter auf den Corso di Porta Ticinese. Plötzlich schiebt sich uralte Geschichte mächtig ins Blickfeld: 16 wuchtige Säulen aus der Antike, als Mailand eine der größten Städte im römischen Reich war, bauen sich auf dem Bürgersteig auf. Dahinter erhebt sich die nicht minder mächtige Basilika *San Lorenzo Maggiore*. Dass sie überhaupt gebaut werden durfte, ist dem bronzenen Mann draußen auf dem Kirchplatz zu verdanken, dem römischen Kaiser Konstantin. Er erlaubte im Jahr 313 die Freiheit der Religionen und die neuen Christen durften ihre Gotteshäuser errichten. Diese Basilika war eine der ersten. Aus der Zeit (4. Jh.) kommen die Mosaikreste in einer Seitenkapelle. Viele Jahrhunderte sind seither vergangen, zigmal wurde sie umgebaut, heute im klassizistischen Stil des 19. Jh. mit einer Kuppel aus der Renaissance. Gehen Sie um die Kirche herum, von der Grünanlage in ihrem Rücken lassen sich die Anbauten von Kapellen gut nachvollziehen. Ein paar Schritte weiter auf dem Corso di Porta Ticinese stehen Sie vor einem der beiden Tore, die von der mittelalterlichen Stadtbefestigung übrig sind, die Porta Ticinese. *Corso di Porta Ticinese 35 | www.sanlorenzomaggiore.com | Tram 3*

8 SANT'EUSTORGIO (137 E4) (*J7*)

Im Anschluss an das mittelalterliche Stadttor Porta Ticinese stößt man auf diese uralte Basilika. Wegen vier Knochen liegt sie den Mailändern besonders am Herzen, immerhin sollen sie den Heiligen

Zuhause der modernen Meister: Museo del Novecento

Drei Königen gehört haben. Ihr Sarkophag im rechten Querschiff ist Ziel einer feierlichen Prozession vom Dom hierher, jedes Jahr zum Dreikönigstag am 6. Januar.

Auch Sant'Eustorgio ist eine ganz frühe Gründung, obschon heute im Gewand des 13. Jhs. – teils echt, wie der Kirchturm, teils nachrestauriert. Wer sich für die Renaissance interessiert, schaut sich die kostbare *Portinari-Kapelle* an. Im *Museo Diocesano (Kapelle und Museum Di–So 10–18 Uhr | 6 Euro)* im Klosterbereich beeindruckt vor allem die

Sakralkunst moderner Künstler. *Piazza Sant'Eustorgio 1 | Tram 3, 9 | Bus 94*

QUADRI-LATERO

Hier schnellt der Puls der Fashion Victims nach oben: Einzigartig ist die Dichte an Edelboutiquen im ● Quadrilatero d'Oro, dem „Goldenen Viereck", nordöstlich des Domplatzes.

Armani, Dior, Gucci und was es sonst an internationalen Luxus- und Modelabels gibt – sie alle sind hier mit gleich mehreren Stores vertreten. Dunkle Limousinen fahren vor und Ferraris schieben sich teuer brummend durch die Gassen. Die Verkäufer sprechen Russisch, Japanisch, Chinesisch, Spanisch.

Es geht los in der Galleria Vittorio Emanuele II. und kulminiert an der Via Monte Napoleone und deren Nebenstraßen. Aber auch auf edle Palazzi stößt man, der Adel und das Großbürgertum hat hier gewohnt, und wer es bezahlen kann, logiert hier immer noch. Manche Palazzi sind heute Museen mit intakten Interieurs, die zeigen, auf welch hohem Niveau hier früher gelebt wurde.

1 CORSO VENEZIA & VIA MOZART

(131 F2–3) *(🗺 L4)*

Am *Corso Venezia*, der ehemaligen Nobelstraße von der Piazza San Babila zur Porta Venezia stehen Sie vor alten Adelspalästen wie der *Casa Fontana-Silvestri (Nr. 10)* aus der Renaissance, dem *Palazzo Serbelloni (Nr. 16)* aus dem Neoklassizismus oder dem *Palazzo Castiglioni (Nr. 47)* aus der Jugendstilzeit. Und weiter geht es hinter dem Palazzo Serbelloni in die *Via Mozart* in ein stilles Wohnviertel voller extravaganter Apartmenthäuser aus den Anfängen des 20. Jhs. Allein die Treppenhäuser lohnen den Blick. In einem lauschigen Garten liegt die INSIDER TIPP *Villa Necchi Campiglio (Mi–So 10–18 Uhr | 10 Euro | Via Mozart 14 | www.casemuseomilano.it)*, ein faszinierend durchgestyltes Wohnbeispiel aus den 1930er-Jahren. *Metro 1 San Babila, Palestro, Porta Venezia*

Drei Jahrhunderte Konsum: Die Galleria Vittorio Emanuele II ist heute wieder schick

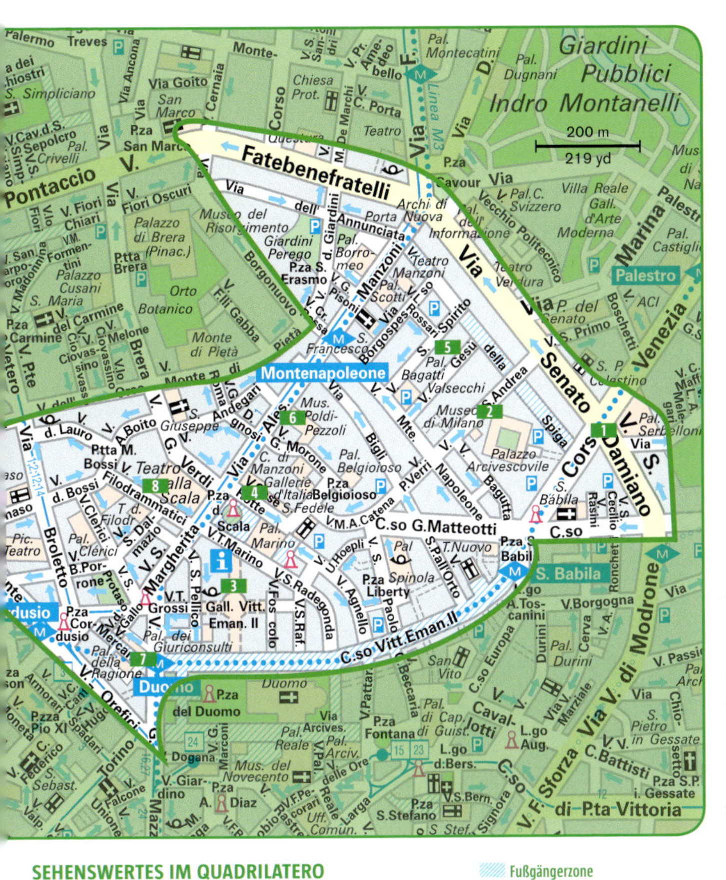

SEHENSWERTES IM QUADRILATERO

Fußgängerzone

- 1 Corso Venezia & Via Mozart
- 2 Costume Moda Immagine Palazzo Morando
- 3 Galleria Vittorio Emanuele II
- 4 Gallerie d'Italia
- 5 Museo Bagatti Valsecchi
- 6 Museo Poldi-Pezzoli
- 7 Piazza Mercanti
- 8 Teatro alla Scala

2 COSTUME MODA IMMAGINE PALAZZO MORANDO (131 E2) (📖 L4)

Im prächtigen Ambiente dieses Adelspalais aus dem 18. Jh. geben Kostüme und glamouröse Ausstellungen Einblicke in Historisches und Zeitgenössisches zur Stadt der Mode. *Di–So 9–13 und 14–17.30 Uhr | Eintritt je nach Ausstellung | Via Sant'Andrea 6 | www.costumemodaimmagine.mi.it | Metro 1, 3 San Babila, Monte Napoleone*

3 GALLERIA VITTORIO EMANUELE II ★ ● (131 D3) (📖 K5)

Il salotto, die gute Stube der Stadt mit Bars, Restaurants, Geschäften, ist ein weltlicher Tempel aus Stein, Stahl und Glas, die erste Shoppingmall des 19. Jhs.

Die Kuppel (höchster Punkt 47 m) entspricht mit ihren Innenmaßen der Kuppel des römischen Petersdoms. Heute ist sie wieder schick, McDonalds ist aus- und Gucci eingezogen. Das sagt schon alles. Neu sind das *Café Marchesi* und der Foodmarkt *Il Mercato del Duomo*. Aus der Fotogalerie *Osservatorio Prada (Aufgang zwischen Prada-Boutique und der Buchhandlung Feltrinelli)* kann man der Galleria aufs Dach schauen. Ein Must ist der Campari in der Bar *Camparino in Galleria* (s. S. 52) an der Schnittstelle zwischen Galleria und Domplatz gelegen. *Piazza del Duomo 21–23/Piazza della Scala | Metro 1, 3 Duomo*

4 GALLERIE D'ITALIA
(131 D3) (*K4*)

Das Kapital kauft Kunst: Italiens größte Bankengruppe, Intesa Sanpaolo, hat sich bei ihrer Sammlung auf die Kunstrichtungen des 19. und 20. Jhs. konzentriert: In zwei wunderschönen Palazzi (18. und 19. Jh.) an der Piazza della Scala wird der vielfältige Bogen bis ins Heute geschlagen. *Di/Mi und Fr–So 9.30–19.30, Do 9.30–22.30 Uhr | 10 Euro | Piazza della Scala 6 | www.gallerieditalia.com | Metro 1, 3 Duomo, Monte Napoleone*

5 MUSEO BAGATTI VALSECCHI
(131 E2) (*K–L4*)

Die beiden Brüder Bagatti Valsecchi wollten so leben wie in der Renaissance, nur 400 Jahre später, im 19. Jh. Dazu ließen sie ihren Palazzo stilecht umbauen und sammelten kostbare Möbel, Dekor, Kunst und Waffen. Diese extravagante Wunderkammer gehört zu den *Case Museo di Milano (www.casemuseomilano.it)*, in Museen umgewandelte, hochkultivierte Wohnbeispiele des Adels und Großbürgertums. *Di–So 13–17.45 Uhr | 9 Euro | Via Gesù 5/Via Santo Spirito 10 | www.museobagattivalsecchi.org | Metro 1, 3 San Babila, Monte Napoleone | Tram 1 | Bus 54, 94*

6 MUSEO POLDI-PEZZOLI ★
(131 D–E2) (*K4*)

Das Privatmuseum in einem Haus aus dem 19. Jh., ebenfalls eines der *Case Museo*, ist von der Atmosphäre her vielleicht das schönste Museum Mailands. Zur reichen Sammlung des letzten Besitzers Gian Giacomo Poldi Pezzoli, die nach seinem Tod 1879 der Allgemeinheit vermacht wurde, gehört Antonio del Pollaiuolos berühmtes „Bildnis einer Frau" (um 1470), heute das Signet des Museums. Auch nicht schlecht: die wertvolle Uhrensammlung. *Mi–Mo 10–18 Uhr | 10 Euro | Via Alessandro Manzoni 12 | www.museopoldipezzoli.it | Metro 3 Monte Napoleone*

7 PIAZZA MERCANTI
(130 C3–4) (*K5*)

Fast eine italienische Altstadt: Nur wenige Schritte vom Domplatz tut sich eine Piazza aus dem Mittelalter auf. In ihrer Mitte erhebt sich auf einer Säulenloggia der *Palazzo della Ragione*, das Rathaus von 1233, in dem sich der Bürgerrat versammelte. Heute werden hier Fotoausstellungen ausgerichtet. In weiteren Gebäuden trafen sich einst die Händler und Notare für die Kaufverträge. Gen Südwesten stoßen Sie in verschwiegenen Gassen, wie *Via Victor Hugo* oder *Via Spadari*, auf Antiquitäten- und Schlemmerläden. *Metro 1 Cordusio*

8 TEATRO ALLA SCALA
(131 D2–3) (*K4*)

Sie ist der vielleicht bekannteste Botschafter Mailands in der Welt: die Scala. Das Opernhaus ließ der Architekt Giuseppe Piermarini 1778 errichten. Anfangs bot das Parkett nur Stehplätze. Sitzen konnte man nur in den fünf hufeisenförmigen Logen-

Roter Damast aus dem 19., Hightech aus dem 21. Jh.: Mailands Opernhaus Teatro alla Scala

rängen. Im 19. Jh. erlangte das Theater mit seinen Uraufführungen von Rossini-, Verdi- oder Puccini-Opern Weltruf. Sänger und Sängerinnen wie Enrico Caruso oder Maria Callas schrieben die Erfolgsgeschichte im 20. Jh. weiter.

Die Scala ist zu einem Symbol der Stadt geworden. Als sie im Zweiten Weltkrieg durch Bomben zerstört wurde, baute man sie nach Kriegsende schnell wieder auf – noch bevor Wohnungen, Krankenhäuser oder andere öffentliche Gebäude repariert wurden. Zwischen 2002 und 2004 arbeitete der renommierte Tessiner Architekt Mario Botta an der Renovierung der Scala. Die Akustik wurde entscheidend verbessert, und auf den Verwaltungstrakt aus dem 19. Jh. setzte Botta einen ellipsenförmigen Aufbau, an dessen Anblick sich heute noch mancher nicht gewöhnt hat. Im angrenzenden *Theatermuseum (Tgl. 9–12.30 und 13.30–17.30 Uhr | 6 Euro)* voller Erinnerungsstücke an all die berühmten Primadonnen und Komponisten kann man von einer Loge aus in den eindrucksvollen Theaterraum schauen. Übrigens lassen sich auch die *Bühnenwerkstätten* (s. S. 46) besichtigen, sie befinden sich im Viertel Tortona.

Draußen auf der Piazza della Scala ruhen sich die müden Touristen auf Bänken aus, unter dem nachdenklichen Blick des allgegenwärtigen Leonardo da Vinci. Die gegenüberliegende Platzseite nimmt der elegante *Palazzo Marino* (16. Jh.) ein, seit 1861 das Mailänder Rathaus. *Piazza della Scala | www.teatroallascala.org | Metro 1, 3 Duomo*

GARIBALDI, SEMPIONE & BRERA

Mächtig bewacht das Castello Sforzesco den Eingang zum Parco Sempione, Mailands grüner Oase.

Im Park erholen sich die Mailänder vom Staub der Stadt und den Klimaanlagen in ihren Büros, zur Mittagspause essen sie ihre mitgebrachten Salate, die Frauen streifen ihre Highheels ab und strecken die nackten Füße ins Gras. Derweil schießen in und vor der Burg die Touristen ihre Selfies. Östlich des Kastells gelangen Sie ins Viertel Brera: An mit Flusskieseln gepflasterten Gassen überraschen originelle Läden in hübschen Stadthäusern, das Flair des Viertels wird noch getoppt, wenn sich am 3.Sonntag im Monat um die Via Fiori Chiari der *Mercatino di Bera* ausbreitet, mit Trödel und Blumen. In den Straßencafés um den großen Palazzo di Brera mit der Kunstakademie und der Pinakothek, Mailands bedeutender Gemäldesammlung, trifft man Studenten und Redakteure des Corriere della Sera, Italiens größter Tageszeitung, die in der Via Solferino ihren Sitz hat. Hier und dort machen einen altehrwürdige Kirchen neugierig, wie etwa *San Simpliciano (Piazza San Simpliciano 7)* noch aus dem frühen Mittelalter mit zwei stillen Kreuzgängen. Und wie eine Fata Morgana locken nördlich von Brera am Ende der Bummelmeile Corso Garibaldi /Corso Como die gläsernen Hochhaustürme.

1 CASTELLO SFORZESCO ★

(130 B2) *(🕮 J4)*

Streng genommen ist die Burg ein Fake, in großen Teilen ein rund 100 Jahre alter Neubau. Etwa der Eingangsturm: Im 16. Jh. zerstört, wurde er um 1900 anhand alter Zeichnungen neu gebaut. Am ehesten ähnelt sie heute der Renaissanceresidenz aus dem 15. und 16. Jh., als die Sforza-Herrscher im Exerzierhof ihre Waffenspiele und in den Sälen rauschende Feste veranstalteten. Das waren auch die Mailänder Jahre von Leonardo da Vinci, damals der kulturelle und technische Berater der Fürsten. Freskenreste von ihm sind in den Gemäuern zu finden. Die Burg gefiel auch den Russen, sie stand Modell für den Kreml in Moskau.

Eine erste Festung baute sich die mittelalterliche Herrscherfamilie Visconti hier im 14. Jh. Allerdings weniger um die Stadt gegen Feinde zu verteidigen, als vielmehr, um selbst vor ihren Untertanen Schutz zu suchen. Mit Recht, denn 1447 rissen diese das Kastell ein. Aus der Burg wurde sogar mal auf die Mailänder geschossen, von den Österreichern Mitte des 19. Jhs. während der Kämpfe um die nationale Unabhängigkeit. Dann war sie lange eine Ruine, bis um 1900, als man sie mit viel Platz für die städtischen Kunstsammlungen rekonstruierte. Heute ist das Kastell ein offener großzügiger Treffpunkt mitten im Zentrum, über die Innenhöfe schlendern Sie in den Stadtpark, unter dem Sommerhimmel finden Kino und Konzerte statt.

Samstags *(14.30 und 16 Uhr)* und sonntags *(15 Uhr)* werden geführte Besuche *(Anmeldung unter Tel. 0 26 59 69 37 | 10 Euro)* auf den zinnenbewehrten Wachgängen und in den unterirdischen Gemäuern angeboten. Im Inneren hinter dem Waffenhof liegen die Zugänge zu den Museumsanlagen (s. folgender Eintrag). *Eintritt frei (Museen 5 Euro) | Piazza del Castello 3 | www.milanocastello.it | Metro 1, 2 Cairoli, Cadorna, Lanza*

2 MUSEI DEL CASTELLO ●

(130 B1–2) *(🕮 J4)*

Die Spannweite der Sammlungen ist enorm: Es gibt lombardische Skulpturen von der Spätantike bis zum Barock, norditalienische Malerei von den Anfängen bis zum 18. Jh., Wandteppiche, Möbel, Musikinstrumente, Waffen, Keramiken und Schmuck. Wer Zeit hat, sollte den Besuch auf mehrere Tage verteilen. Ein Höhepunkt unter vielen ist Michelangelos unvollendete, anrührende Skulptur

SEHENSWERTES IN GARIBALDI, SEMPIONE & BRERA

Fußgängerzone

1 Castello Sforzesco

2 Musei del Castello

3 Parco Sempione

4 Pinacoteca di Brera

5 Porta Nuova

6 Studio Museo Achille Castiglioni

7 Torre Branca

8 Triennale Design Museum

INSIDER TIPP „Pietà Rondanini“, an der der Künstler bis wenige Tage vor seinem Tod 1564 gearbeitet hat. Ihr ist ein eigenes *Museum* im ehemaligen spanischen Spital auf der linken Seite des Waffenhofs gewidmet. *Di–So 9–17.30 Uhr | 5 Euro | Piazza del Castello 3 | Metro 1, 2 Cairoli, Cadorna, Lanza*

3 PARCO SEMPIONE

(133 D–E 4–5) (*H–J 3–4*)

Vorneweg eine Warnung: Mailand ist nicht mückenfrei! Das spüren Sie spätestens in diesem schönen Landschaftspark. Seit 1893 erstreckt er sich auf 47 ha im Rücken des Kastells. Wo einst die Soldaten marschieren und schießen lernten, wird sich heute am Fitnessparcours abgearbeitet und die kleinen Mailänder lernen Rad fahren. An romantischen Brückchen über Seerosen wird gebalzt und auf Sportplätzen gebolzt. Im Park finden sich auch das *Acquario (Di–So 9–13 und 14–17.30 Uhr | 6 Euro | www.acquariocivicomilano.eu)* in einem kleinen Jugendstilbau von 1906 und der *Arco della Pace*, der „Friedensbogen" für Napoleon, heute ein beliebter Treffpunkt für Dates. An Kiosken gibt es *bibite* und *gelati*. Zugänge zum Park: Piazza Castello, Viale Alemagna, Piazza Sempione. *Tgl. 6.30–20, März–Okt. bis 21/22/23.30 Uhr | Metro 1, 2 Cairoli, Cadorna, Lanza*

4 PINACOTECA DI BRERA ★

(131 D1) (*K4*)

Nachhilfe in Sachen Küssen? Die gibt's in einer der bedeutendsten Gemäldesammlungen Italiens: Hier hängt die romantischste Kussszene der Kunstgeschichte, „Il Bacio", den Francesco Hayez 1859 malte. Im mächtigen Palazzo di Brera werden aber nicht nur Bilder gezeigt, hier wird auch unterrichtet, wie man sie malt: Seit Beginn des 19. Jhs. unter Napoleon als Institution der Schönen Künste eingerichtet, gehört zur Pinakothek auch eine renommierte Kunstakademie.

Einige Höhepunkte sind: im Saal VI die bewegende „Pietà" von Giovanni Bellini (1455–60) und der „Cristo morto", den Andrea Mantegna um 1478 in extremer perspektivischer Sicht gemalt hat, sowie in Saal XXIV die „Pala Montefeltro" von Piero della Francesca (1475) und das „Marienverlöbnis" (1504) von Raffael. Im Innenhof triumphiert Napoleon als nackter antiker Gott, schließlich ist ihm dieses grandiose Institut für die „Schönen Küns-

Nett runterkommen – auf der Piazza Gae Aulenti zwischen den Hochhäusern der Porta Nova

te" zu verdanken. Im anschließenden botanischen Gärtchen kann man sich erholen. *Di–So 8.30–19.15 (Do bis 22.15) Uhr | 10 Euro | Via Brera 28 | pinacotecabrera.org | Metro 2, 3 Lanza, Monte Napoleone | Tram 4, 12, 14*

5 PORTA NUOVA (134 A2) (*K2*)
Hier wird Mailand vertikal: vom kurzen *Corso Como* aus, den Bistros, ein paar Nachtlokale und Boutiquen säumen, darunter Mailands schönster *Concept Store* in der Hausnummer 10, gelangen Sie mitten in die gläserne Hochhausenklave, Porta Nuova genannt. Hier wächst auch der *Bosco Verticale*, der „vertikale Wald", die beiden berühmten grünen Wohntürme. Zu Füßen der Hochhäuser hat sich an der zentralen *Piazza Gae Aulenti* mit Cafés, Stores und abendlichen Konzerten ein reges Bummelleben entwickelt. Und man sieht, wie sich die neuen Bauten in das anschließende alte Arbeiterviertel, *Isola* genannt, vorarbeiten. *Metro 2 Porta Garibaldi*

6 INSIDER TIPP STUDIO MUSEO ACHILLE CASTIGLIONI (133 E5) (*H4*)
Aus einem Treckersitz einen weltberühmten Hocker kreieren, das gelang Achille Castiglioni (1918–2002), einem der ganz Großen des italienischen Designs. Seinen kreativen Prozessen auf die Spur kommt man in seinem faszinierenden Atelier, das man nach Anmeldung besichtigen kann. *Di–Fr 10, 11 und 12, Do außerdem 18.30, 19.30, 20.30 Uhr | 10 Euro | Piazza Castello 27 | Tel. 0280533606 | www.achillecastiglioni.it | Metro 1, 2 Cadorna | Bus 57, 94*

7 TORRE BRANCA ★ (133 D5) (*H3*)
Genau 108,6 m hoch ist der Turm am westlichen Eingang in den Parco Sempione, der nach Plänen des Architekten Giò Ponti errichtet wurde. Sponsor war die bekannte Spirituosenfirma Branca. Von der Aussichtskabine haben Sie einen tollen Blick über die Stadt – bei garantiert gutem Wetter, denn andernfalls bleibt der Turm geschlossen. Eindrucksvoll sind auch die Aussichten auf das Lichtermeer bei den Abendöffnungen. *Mitte Mai–Mitte Sept. Di–Fr 15–19 und 20.30–24, Mi außerdem 10.30–12.30, Sa/So 10.30–14, 14.30–19.30 und 20.30–24, Mitte Sept.–Mitte Mai Mi 10.30–12.30 und 16–18.30, Sa 10.30–13, 15–18.30 und 20.30–24, So 10.30–14 und 14.30–19 Uhr | 5 Euro | Viale Alemagna/Parco Sempione | Info zu Schließungen Tel. 0233141 20 | Metro 1, 2 Cadorna | Bus 61 | Tram 1*

8 INSIDER TIPP TRIENNALE DESIGN MUSEUM (133 D5) (*H3–4*)
Jetzt mal keine Fragen stellen, wir wollen nicht wissen, was die Riesenschwimmente über die beiden nackten Männer in der

LOW BUDG€T

Gratis ist der Besuch des *Orto Botanico di Brera* **(131 D1–2) (*K4*)** *(Mo–Sa 10–18, im Winter bis 16.30 Uhr | Via Brera 28 | Metro 2, 3 Lanza, Monte Napoleone | Tram 4, 12, 14)*, einer Ruheoase mitten in der Stadt bei der Pinakothek.

Die *Museen im Castello Sforzesco*, das *Archäologische Museum* sowie das *Museo del Novecento* lassen Besucher jeden Dienstag ab 14 bzw. 15.30 Uhr und an den anderen Tagen immer ab eine Stunde vor der Schließung gratis herein. Besucher bis 25 Jahre genießen immer freien Eintritt.

geheimnisvollen Badewanne denkt. Der Brunnen *Bagni misteriosi* des Künstlers Giorgio De Chirico (1973) gehört zum Garten des imposanten Dreißigerjahrebaus *Palazzo dell'Arte* im südwestlichen Teil des Parco Sempione. Hier sitzt das tolle Designmuseum mit all den glorreichen Italian-Style-Kreationen und neuen Schauen, ein Treffpunkt der Kreativen mit Cafés und Panoramarestaurant auf dem Dach. *Di–So 10.30–20.30 Uhr | 8 Euro | Viale Emilio Alemagna 6 | www.triennaledesignmuseum.it | Metro 1, 2 Cadorna | Bus 61 | Tram 1*

MAGENTA & SANT'AMBROGIO

Mailands schönste Wohngegend – sagen die, die dort wohnen – beginnt am Corso Magenta, der vom Zentrum westwärts führt.

Sie spazieren entlang an stattlichen Wohnhäusern mit begrünten Dachterrassen und treffen die Bewohner in einem der ältesten Cafés Mailands, der *Pasticceria Marchesi (Mo geschl. | Via Santa Maria alla Porta 11a)* gleich am Anfang des Corso Magenta. Durch die Straßen streifend, werden Ihnen immer wieder ganze Grüppchen von Studentinnen und Studenten der Università Cattolica begegnen, die in den verstreuten Palazzi rund um Sant'Ambrogio von einer Vorlesung zur nächsten Vorlesung eilen. Das Viertel hat eine Menge zu bieten – u. a. einen veritablen Höhepunkt der Kunstgeschichte: das „Abendmahl" von Leonardo da Vinci.

1 CENACOLO VINCIANO („ABENDMAHL") ★ (137 D1) (*H4*)

Um Leonardos weltberühmtes Wandgemälde in Augenschein zu nehmen, müssen Sie sich anmelden (telefonisch oder via Internet). Dann dürfen Sie für 15 Minuten das ehemalige Refektorium (Speisesaal) des Dominikanerklosters von

Nicht nur die Studierenden der nahen Uni wissen die Bars um den Corso Magenta zu schätzen

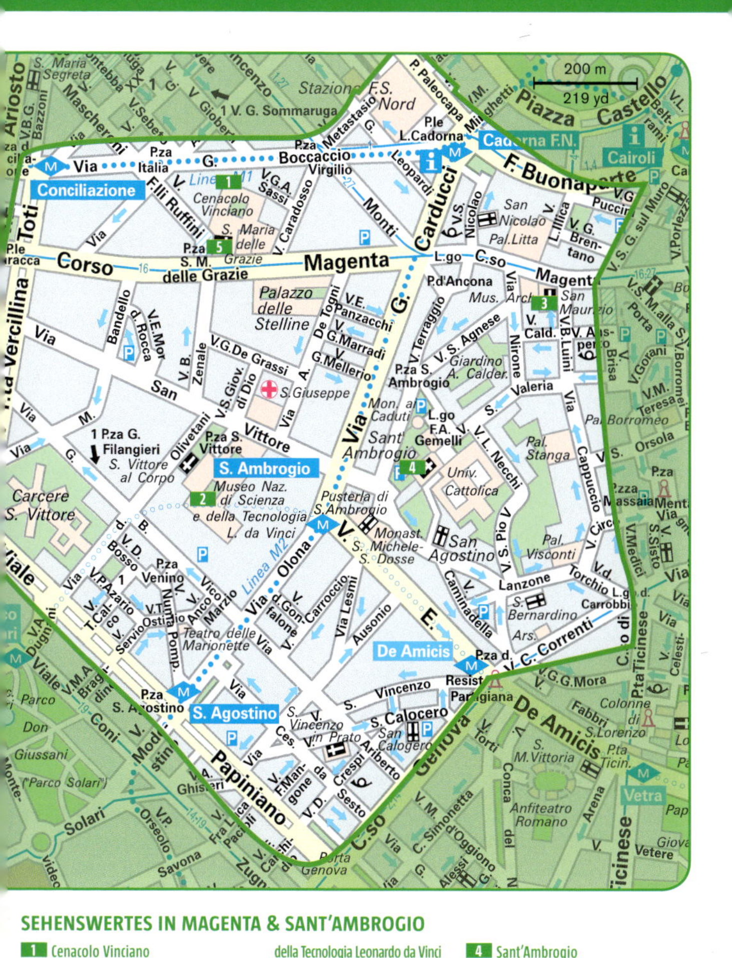

SEHENSWERTES IN MAGENTA & SANT'AMBROGIO

1 Cenacolo Vinciano („Abendmahl")
2 Museo Nazionale della Scienza e della Tecnologia Leonardo da Vinci
3 San Maurizio al Monastero Maggiore
4 Sant'Ambrogio
5 Santa Maria delle Grazie

Santa Maria delle Grazie betreten. Leonardo hat für das 1495–97 entstandende Bild genau den Augenblick des Abendmahls gewählt, in dem Jesus vorhersagt, dass ihn einer von den Jüngern verraten werde. Die Apostel, aufgelöst in Dreiergruppen, sind aufs Höchste bestürzt und erregt.

Die großformatige, mit 4,2 m Höhe und 9,1 m Breite geradezu riesige Darstellung (bis dahin handelten Künstler das Thema eher auf kleineren Tafelbildern ab) schlug in die Kunstgeschichte ein wie die Breitwand in die Kinogeschichte. Das dramatische Spiel der Hände, die theatralische Anordnung wie auf einer Bühne und die (heute kaum noch nachzuvollziehende) Verschmelzung der Farben hatten das Bild sofort berühmt gemacht. Und noch bevor Leonardo die Arbeiten abschließen konnte, zirkulierten bereits Stiche mit Kopien.

Der Künstler verwendete aus ästhetischen Gründen Temperafarben, die er auf den trockenen Verputz auftrug wie bei einem Tafelbild – und nicht mit der Freskotechnik in die noch feuchte Wand, bei der die Farben dann eintrocknen konnten und lange erhalten blieben. Bereits nach 20 Jahren war das Bild beschädigt. Überschwemmungen und schwere Zerstörungen haben immer wieder Restauratoren auf den Plan gerufen, die manchmal sogar Details wie Bärte oder Tücher hinzufügten. Bei der jüngsten gründlichen Restaurierung, die fast 20 Jahre gedauert hat, ist der möglichst originalgetreue Zustand des Bilds wieder hergestellt worden – und alle falschen Bärte wurden abgenommen. *Di–So 8.15–18.45 Uhr nach Anmeldung unter Tel. | 02 92 80 03 60 | 12 Euro | Piazza Santa Maria delle Grazie 2 | www.cenacolovinciano.net | Metro 1, 2 Conciliazione, Cadorna | Tram 16*

2 MUSEO NAZIONALE DELLA SCIENZA E DELLA TECNOLOGIA LEONARDO DA VINCI (136–137 C–D2) (*H5*)

Aus dem Benediktinerkloster des 16. Jhs., dann Militärkaserne, wurde 1953 Italiens wichtigstes Technik- und Wissenschaftsmuseum mit zahlreichen Erfindungen, die man interaktiv aus probieren kann, darunter etwa nachgebaute Projekte des Wissenschaftsgenies Leonardo und ein echtes U-Boot. *Di–Fr 9.30–17, Sa/So 9.30–18.30 Uhr | 10 Euro | Via San Vittore 21 | www.museoscienza.org | Metro 2 Sant'Ambrogio | Bus 50, 58*

3 SAN MAURIZIO AL MONASTERO MAGGIORE (130 B3) (*J5*)

Der Kirchenraum dieses hübschen Renaissancebaus (ab 1503) war in einen öffentlichen Teil und einen Teil für die in Klausur lebenden Benediktinerinnen getrennt. Beide heute zugänglichen Räume sind durch INSIDER TIPP großartige Wandfresken von Bernardino Luini und seiner Werkstatt (1522–1529) geschmückt. In der Kirche finden regelmäßig Konzerte statt, hier steht auch die älteste Orgel der Stadt, eine Antegnati von 1554. Nebenan im Klosterbereich ist das *Archäologische Museum (Di–So 9–17.30 Uhr | 5 Euro)* untergebracht. Im Untergeschoss und im Garten sind noch Teile der römischen Stadtmauer sichtbar. Neben römischen Fundstücken, darunter schöne Mosaikfußböden, die u. a. bei U-Bahnbauten ausgegraben wurden, zeigt ein großes Stadtmodell, wie imposant Mailand in der Antike ausgesehen hat. *Corso Magenta 15 | Metro 1, 2 Cadorna | Tram 16, 19*

4 SANT'AMBROGIO ★ ● (130 A4) (*H5*)

Sie betreten den von Säulen flankierten Vorhof und gelangen in eine andere Welt, in den heiligsten Ort der Stadt: in die wunderbar stimmungsvolle Basilika aus verwittertem Backstein. Ambrosius aus Trier, im 4. Jh. Bischof von Mailand und einer der spätantiken Kirchenväter des Christentums, hatte sie hier mitbegründet. An seinem Feiertag, dem 7. Dezember, wird alljährlich in seinem Namen die Opernsaison der Scala eröffnet. Die heutige Gestalt der Basilika geht auf das 12./13. Jh. zurück. Von 835 ist der kostbar vergoldete Altar mit Szenen aus dem Leben des Ambrosius, unter ihm liegt der Bischof begraben. In der Kapelle *San Vittore in Ciel d'Oro (Zugang rechts neben dem Altar)* aus dem Jahr 407 finden Sie

Die Renaissancekuppel von Santa Maria delle Grazie schuf Donato Bramante

ihn in Mosaik porträtiert, wenige Zeit nach seinem Tod: So wird er tatsächlich ausgesehen haben, schmal und ernst. Gleich nebenan geht es zum Domschatz. *Mo–Sa 7.30–12.30 und 14.30–19, So 7.30–13 und 15–20 Uhr | Piazza Sant'Ambrogio 15 | Metro 2 Sant'Ambrogio | Bus 58, 94*

5 SANTA MARIA DELLE GRAZIE (137 D1) *(🕮 H4–5)*

Die Kirche gehört zum Dominikanerkloster gleich nebenan, in dessen Speisesaal Leonardo da Vinci sein Abendmahl malte. Man sieht ihr an, großartig und elegant, dass sie keine Kirche fürs Volk war, sondern für die Oberschicht. Und das ist sie auch heute noch: Zur Sonntagsmesse kommen die feinen Mailänder Familien aus der Nachbarschaft. Kein Geringerer als Donato Bramante (1444–1514), der zu den ganz großen Architekten des 15. Jhs. zählte und den Petersdom in Rom entwarf, vollendete die Kirche ab 1492 (Kuppel, Chor und Kreuzgang) im schönsten Renaissancestil. Sein Kreuzgang mit dem Fröschebrunnen und der Magnolienblüte im Frühling ist eine zauberhafte Oase der Ruhe. Gleich gegenüber geht es hinein in eine weitere Gartenoase, in die *Vigna di Leonardo* (s. S. 86), einen Weingarten, der Leonardo gehört haben soll. *Piazza Santa Maria delle Grazie 2 | Metro 1, 2 Conciliazione, Cadorna | Tram 16*

NAVIGLI & TORTONA

Diese beschauliche Grachten-Idylle hätte man der Stadt nicht zugetraut: Am Wochenende wird entlang der Ufer der Kanäle, der ★ Navigli, geradelt, flaniert und in den Straßenlokalen geschlemmt. Stellen Sie sich vor, dass die Stadt über Jahrhunderte von einem ganzen Kanalnetz durchzogen war, über das Waren und Menschen nach Norditalien sowie südlich zum Po und somit bis ans Adriameer gelangten. Bis auf den Naviglio Grande und den Naviglio Pavese verschwanden zu Beginn des 20. Jhs. die innerstädtischen Kanäle unterm Asphalt. Früher wohnten Handwerker und Schiffer in den niedrigen Häusern längs der Navigli, dann kamen Künstler und verwandelten die Werkstätten in den Innenhöfen in Ateliers. Das eine oder andere Atelier gibt es heute noch, und am 1. Maisonntag kommen über 300 Künstler hier zusammen und stellen ihre Werke längs der Ufer des Naviglio Grande aus. Die Kreativen von heute – Designer, Modemacher, Fotografen, Eventplaner – haben das Nachbarviertel *Tortona* gleich hinter dem Bahnhof Porta Genova für sich entdeckt, heute mit dem 2015 eröffneten Museo delle Culture del Mondo und manch stylischem Hotel.

1 MUDEC & TORTONA

Das 2015 auf dem Werksgelände der ehemaligen Lokomotivfabrik Ansaldo eröffnete *Museo delle Culture del Mondo (MUDEC)* **(136 B4)** *(🕮 G7) (Mo 14.30–19.30, Di, Mi, Fr, So 9.30–19.30, Do, Sa 9.30–22.30 Uhr | Via Tortona 56 | www.mudec.it)* lockt Sie ins Nachbarviertel *Tortona* um Via Tortona und Via Savona. In den vom englischen Stararchitekten David Chipperfield entworfenen Räumen wirft Mailand seinen Blick auf das Kunstschaffen in der großen weiten Welt.

Erkundigen Sie den Wandel in diesem spröden Ex-Arbeiterviertel: In Hallen ebenfalls auf dem Ansaldo-Gelände sind die *Bühnenwerkstätten (Via Bergognone 34 | für Besichtigung bitte anmelden unter Tel. 02 43 35 35 21)* für die Scala-Opern untergebracht. Auch die junge Kreativschmiede *BASE (base.milano.it)* hat hier ihren spektakulären Platz gefunden, mit Co-Working, Hostel und Café. Gegenüber hat Armani sein Modemuseum, die *Armani Silos (Mi–So 11–19 | Via Bergognone 40)* und nebenan sein Hauptquartier in einer ehemaligen

Cafés und Kneipen, Clubs und Restaurants: An den Navigli herrscht tags wie abends Leben

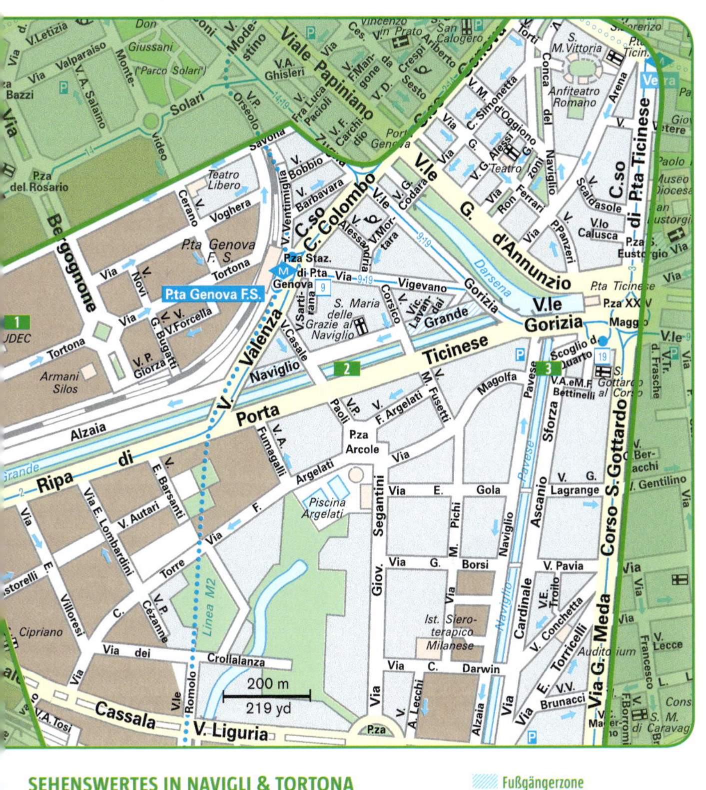

SEHENSWERTES IN NAVIGLI & TORTONA

Fußgängerzone

1 MUDEC & Tortona · 2 Naviglio Grande · 3 Naviglio Pavese & Darsena

Schokoladenfabrik. In der Via Tortona 27 geht es ins *Superstudio (www. superstudiogroup.com)*, die Location für Design- und Modeevents. *Metro 2 Porta Genova | Bus 68*

2 NAVIGLIO GRANDE

(136–137 A–D 4–5) (*🕮 C–H 7–8*)

Die Spaßmeile Mailands: Feine Restaurants wechseln sich ab mit Trattorien, Bierkneipen mit Cocktailbars, Eiscafés mit Sushi-Bistrots. An lauen Abenden drängelt man sich zwischen Tischen und Stühlen am Kanalufer entlang. Am letzten Sonntag im Monat kommen noch die Trödel-, Antiquitäten- und Kleiderstände hinzu, die Hunderte von Menschen an die Ufer des Naviglio Grande – einst die Schiffsverbindung zum Lago Maggiore – ziehen. An den Sommerwochenenden gibt es sogar *Bootsausflüge (www. naviglilombardi.it)*, fragen Sie im Touristenbüro danach. Malerische Ecken gleich am ersten Uferabschnitt sind die alte Waschanlage im Vicolo dei Lavandai und der Innenhof Cortile degli Artisti *(Alzaia Naviglio Grande 4). Metro 2 Porta Genova | Tram 2, 9*

3 NAVIGLIO PAVESE UND DARSENA (137 D–E 4–6) (*H7–8*)

Beim ersten Sonnenstrahl sitzen die Leute auf den Uferterrassen an der *Darsena* und picknicken mit Mozzarella, Fleischspießchen oder Fischhamburgern, alles Leckereien, die man sich hier an Foodständen oder im kleinen Markt besorgt. Noch bis vor ein paar Jahren ein trüber, vollgemüllter Teich, ist das alte Hafenbecken 2015 neu hergerichtet worden, und zusammen mit der anschließenden Piazza XXIV Maggio – mit dem Stadttor Porta Ticinese von 1814 und zwei alten Zollstationen – hat es sich sofort zu einem beliebten Treffpunkt entwickelt. Unter der Straßenbrücke beginnt der eher ruhige Naviglio Pavese, der Mailand – heute auch mit einem Radweg – mit Pavia verbindet. *Metro 2 Porta Genova | Tram 2, 9*

AUSSERDEM SEHENSWERT

CASA MILAN & STADIO SAN SIRO

Manchem *tifoso* steigen die Tränen in die Augen beim Anblick der goldenen Bälle aus glorreichen Zeiten im Museum des AC Milan, der *Casa Milan* (0) (*E1*) *(tgl. 10–19 Uhr | 15 Euro | Via Aldo Rossi 8 | casamilan.acmilan.com | Metro 5 Portello)*. Das Museum findet sich in Portello-City Life, einem Stadtteil voller interessanter Neubauten und nur wenige Metrostationen vom Stadio San Siro entfernt, der „Scala des Fußballs". In seiner modernen Großartigkeit (80 000 Plätze) eine Legende ist das 1926 eingeweihte *Stadio Giuseppe Meazza*(0) (*B2–3*) *(Besichtigung tgl. 9.30–17 Uhr außer bei Spielen und Events | 17 Euro | Via Piccolomini 5 | www.sansiro.net | Metro 5 San Siro Stadio | Tram 16)*, nach seinem Stadtteil schlicht *Stadio San Siro* genannt.

INSIDER TIPP CASA-MUSEO BOSCHI DI STEFANO (135 D3) (*N2*)

In einer stillen Wohnstraße nahe der Shoppingmeile Corso Buenos Aires versteckt sich dieses Privatmuseum: An den Wänden der mit Stilmöbeln der Zwanziger- und Dreißigerjahre gestylten Wohnung im zweiten Stock eines vom damaligen Stararchitekten Piero Portaluppi erbauten Apartmenthauses hängen Hunderte Werke der italienischen Moderne. *Di–So 10–18 Uhr | Eintritt frei | Via Giorgio Jan 15 | www.fondazioneboschidistefano.it | Metro 1 Lima | Tram 33 | Bus 60*

INSIDER TIPP CIMITERO MONUMENTALE (133 D–E 1–2) (*H–J1*)

Mailand hat eine Stadt für seine Toten: Grabanlagen mit ergreifenden Trauerskulpturen und große Familienkapellen in allen erdenklichen Architekturstilen machen aus dem ab 1866 angelegten Monumentalfriedhof ein faszinierendes Freilichtmuseum. Manchen Namen Mailänder Industriellenfamilien kennen Sie vielleicht, wie Campari, Motta (Panettone) und Pirelli (Reifen). Im *famedio*,der Ruhmeshalle, liegen der große Schriftsteller Alessan-dro Manzoni und der Theatermacher und Nobelpreisträger Dario Fo (1926–2016) begraben. *Di–So 8–18 Uhr | Piazzale Cimitero Monumentale | www.comune.milano.it/monumentale | Metro 5 Monumentale | Tram 2, 9, 14 | Bus 94*

GIARDINI PUBBLICI INDRO MONTANELLI (134 B–C 4–5) (*L3–4*)

Neben dem Parco Sempione die zweite grüne Lunge im Zentrum. Hier befindet sich das Naturkundemuseum mit Planetarium (s. Kapitel „Mit Kindern unterwegs"). Über die südliche Via Palestro hinweg setzt sich der Park fort mit der klassizistischen Villenanlage

Villa Reale, Sitz der Gemäldesammlung des 19. Jhs., der *Galleria d'Arte Moderna (GAM) (Di–So 9–17.30, Do bis 22.30 Uhr | 5 Euro | www.gam-milano.com);* in den ehemaligen Stallungen wird zeitgenössische Kunst gezeigt: *Padiglione d'Arte Contemporanea (PAC) (Di–So 9.30–19.30, Do bis 22.30 Uhr | 8 Euro | www.pacmilano.it). Zugänge: Via Manin, Via Palestro, Corso Venezia, Bastioni di Corso Venezia | Metro 1, 3 Palestro, Porta Venezia, Turati*

HANGAR BICOCCA ● (0) *(🕮 0)*

Die oft monumentale Kunst der Gegenwart findet ihre idealen Räume in diesen ehemaligen Werkshallen im einstigen Industrieviertel Bicocca: So die „Sieben Himmlischen Paläste" des deutschen Künstlers Anselm Kiefer, bis zu 27 m hohe Ruinentürme aus Metall, die 2004 hier einzogen. Seither ist der Hangar, gesponsert von der Reifenfirma Pirelli, ein spannender Art Space für künstlerisches Experimentieren. Mit nettem Café-Restaurant. *Do–So 10–22 Uhr | Eintritt frei | Via Chiese 2 | www.hangarbicocca.org | Bus 87, 728*

ISOLA (134 A–B 1–2) *(🕮 K–L1)*

Alle wollen auf die „Insel", in das einst von Bahngleisen isolierte Arbeiterviertel, an das sich heute die neuen Hochhäuser der *Porta Nuova* hinterm Bahnhof Porta Garibaldi heranschieben. Hier leben dicht an dicht 21000 Menschen in großen Wohnblocks aus der Jahrhundertwende des 19./20. Jhs., aber die Immobilienpreise steigen.

Noch ist die Kiez-Identität eher alternativ: Sie entdecken Bars zwischen rauen, mit Graffiti bemalten Mauern wie *Frida (Via Pollaiuolo 3)* mit ihrem „postindustriellen" Garten, die man eher in Berlin als in Mailand vermuten würde. Alternative Kreativläden siedeln sich an, etwa *Algranti Lab (Via Guglielmo Pepe 20–28)* mit Möbeln aus recycelten Materialien. Und abends kommt man in die „Insel" zum Aperitif und zum Essen in liebevoll gestalteten Lokalen. *Metro 5 Isola*

Lebt vom harten Kontrast zwischen Alt und Neu: In-Viertel Isola

MEMORIALE DELLA SHOAH (134 C1–2) *(🕮 M1)*

Von Gleis 21 wurden 1944 Hunderte von Mailänder Juden in die Konzentrationslager Auschwitz und Bergen-Belsen abtransportiert. Von dieser Tragödie erzählt die Gedenkstätte an der Ostseite des Bahnhofsgebäudes. *Mo 10–19.30, Di–Do 10–14.30, 1.So im Monat 10–18 Uhr | 10 Euro | Piazza Edmond Jacob Safra | www.memorialeshoah.it | Metro 2, 3 Centrale*

ESSEN & TRINKEN

Eine Stadt, die immer in Bewegung ist, kommt auch beim Essen nicht richtig zur Ruhe. Kaum ist ein Lokal angesagt, ist schon wieder ein anderes in Mode.

Während die Luxushotels mit ihren Gourmetrestaurants wetteifern und man auf das neue Restaurant von Mailands Starkoch Carlo Cracco in der Galleria Vittorio Emanuele wartet, gehen junge Leute andere Wege. Sie machen ihre eigenen Lokale auf. Für den genussvollen Alltag, unkompliziert, aber mit ausgewählten Qualitätsprodukten der italienischen Küche. Eher All-Day-Bistrot oder Ristobar als Restaurant, hat dieses Konzept fast schon Kultcharakter: Kunden und Betreiber passen lifestylemäßig gut zusammen. Food ist das große Thema, neue Foodmärkte gibt es in der Galleria Vittorio Emanuele wie auch am Hafenbecken Darsena. Schicke Restaurants finden sich im Museo del Novecento, im MUDEC, im Triennale Design Museum.

Wer sparen will, setzt sich in eine Pizzeria oder geht in ein Kettenlokal wie zum Beispiel *Panino Giusto* mit seinen köstlichen *panini* (ab 5 Euro) – der üppige Belag ersetzt eine komplette Mahlzeit. Zentral gelegen sind die Filialen am *Corso Porta Ticinese 1* oder an der *Piazza XXIV Maggio 4* nahe der Porta Ticinese *(weitere: www.paninogiusto.com);* alle sind täglich von mittags bis 1 Uhr nachts geöffnet.

Princi (tgl. | www.princi.it) heißen fünf stylische Bäckereicafés mit Focacce, Gemüsetorten und ofenfrischem Kuchen, z. B. in Brera am Largo Foppa 2 oder an der Piazza XXV Aprile (weitere auf der

 Bild: Küchenkunst im Al Pont de Ferr

Vom Risotto milanese bis zur Ethnoküche: Auch die kulinarischen Moden wechseln schnell in Mailand

Website). Eine ganze Reihe moderner Bistrots kochen Bio bzw. für Vegetarier und Veganer. Und die Mailänder lieben Sushi, wie die vielen japanischen Lokale bezeugen.

Interessante, lebhafte Viertel mit Restaurants und Kneipen sind die Navigli *(Via Cristoforo Colombo, Via Vigevano)*, um die Porta Ticinese *(Piazza Vetra)*, Brera, Isola *(Piazzale Carlo Archinto)*, außerdem die Gegend um den *Corso Garibaldi/Corso Como* sowie um die Porta Romana und um die Porta Venezia. Im Umfeld des *Viale Tunisia* finden sich Speiselokale aus allen Kontinenten. Im August machen viele Bars und Restaurants zwei bis drei Wochen Ferien. Gegessen wird mittags zwischen 12.30 und 14.30 und abends zwischen 19.30 und 22.30 Uhr, aber in vielen neuen Bistrots kann man den ganzen Tag über etwas essen. Auf der Rechnung steht auch der Gedeckpreis, ab 2 bis 5 Euro pro Person. In den gehobenen Klassen sollten Sie grundsätzlich reservieren, wer sichergehen will, tut dies auch bei einfacheren Lokalen.

BARS & CAFÉS

BAR BASSO (135 E4) (*🗺 N3*)
Diese Bar schafft es, über Generationen angesagt zu bleiben. Bei Fashionpeople genauso wie in der Nachbarschaft. Kellner in weißen Jacketts servieren morgens Cappuccino, mittags Sandwiches, gegen Abend den *Negroni sbagliato*, den Kultaperitif des Hauses. Nicht wie üblich mit Gin, sondern leichter mit Spumante gemixt. Dazu gibt es kein All-you-can-eat-Buffet, sondern – old fashioned – Oliven und Nüsschen, das hat einfach Stil. *Di geschl. | Via Plinio 39 | www.barbasso.com | Metro 1 Lima | Bus 60 | Tram 33*

Keine Frage, was im *Camparino* zum Aperitif gereicht wird

CAMPARINO IN GALLERIA ★
(131 D3) (*🗺 K5*)
Im ersten Stock herrscht außer um die Mittagszeit die entspannte Atmosphäre eines Clubs. Die Gäste blättern in der Zeitung, man nippt am Campari oder wärmt sich mit Cappuccino. Durch große Fenster können Sie auf das Treiben in der Galleria hinunterblicken. Der Tresenraum im Erdgeschoss ist mit Jugendstilmosaiken geschmückt. Ein historischer Ort: Hier schenkte Davide Campari 1867 zum ersten Mal seinen Aperitif aus. *Mo geschl. | Galleria Vittorio Emanuele II | Piazza Duomo | Metro 1, 3 Duomo*

COVA (131 E3) (*🗺 L4*)
Elegant und traditionsreich: Seit 1817 gehen hier die eigenen Backwaren über den Tresen. Treffpunkt für Käufer in den Nobelboutiquen. *So geschl. | Via Monte Napoleone 8 | Metro 1 San Babila*

GOD SAVE THE FOOD ●
(136 C4) (*🗺 G7*)
Ein großes, helles Lokal für den ganzen Tag im Designerviertel Zona Tortona: Café, *ristorante,* Delikatessenladen, Aperitifbar: eine Mischung, wie man sie immer häufiger antrifft. *Tgl. | Via Tortona 34 | www.godsavethefood.it | Metro 2 Porta Genova*

LUCE (138 C6) (*🗺 M8*)
Mit einer 100-Lire-Münze lässt sich der Retroflipper zu blinkendem Leben erwecken, alte Schnulzen kommen gratis aus der Jukebox. Kultregisseur Wes Anderson (z. B. Grand Hotel Budapest) hat dieses Café in der *Kunststiftung von Prada* gestylt, mit bunten Tapeten im Stil eines 50er-Jahre-Kaufmannsladens. Auch die Substanz stimmt, alles ist richtig gut, ob Panini oder Cocktails. *Di geschl. | Largo Isarco 2 | www.fondazioneprada.org | Metro 3 Lodi | Bus 65*

INSIDER TIPP **OTTO** (133 E3) (*🗺 J2*)
Ein lässiges großes Wohnzimmer an der lebendigen Via Paolo Sarpi. In dieser Gegend an der Porta Volta leben seit Gene-

rationen die chinesischen Einwanderer, heute wird sie von den Mailändern neu entdeckt. Zu *caffelatte*, Kuchen, Drinks und freiem Wlan packt man sein Laptop aus, die einen arbeiten, die anderen relaxen. Mittags gibt es leckere Suppen, Gemüsetorten und Salate und abends Musik. Im Sommer sitzt man inmitten von Pflanzen auf der großen Terrasse. *Di–So ab 10, Mo ab 19 Uhr | Via Paolo Sarpi 8 | www.sarpiotto.com | Metro 5 Monumentale | Bus 94 | Tram 2, 12*

INSIDER TIPP PAUSE (135 D3) (*N2*)
Dieses winzige Café an einer hübschen Seitenstraße des Corso Buenos Aires könnte es mit seinem Vintagestil und seiner Nachbarschaftsgemütlichkeit auch in Berlin geben. Vieles, was im Café zu sehen ist, kann man kaufen. *Tgl. | Via Federico Ozanam 7 | www.pausemilano.com | Metro 1 Lima*

PAVÉ ★ (134 C3) (*L2*)
Cakes not bombs: ein Motto der jungen Truppe, die dieses entspannte Café nordöstlich der Giardini Pubblici betreibt. Eine kulinarische Bombe ist die ofenfrische Brioche 160 %, so genannt, weil mit besonders viel Aprikosenmarmelade gefüllt. Für die steht man am Wochenende Schlange. Ofenfrisch sind auch die Gemüsequiches zu Mittag. An großen und kleinen Holztischen macht man es sich bei freiem Wlan gemütlich. *Mo geschl. | Via Felice Casati 27 | www.pavemilano.com | Metro 1, 3 Porta Venezia, Repubblica*

EISDIELEN (GELATERIE)

In Mailand boomen Eisdielen, nahezu an jeder Straßenecke findet sich eine und allesamt sind sie von recht hoher Qualität. Sie öffnen meist 11–21 oder 23 Uhr. Eine für alle: *Pavé Gelati e Granite (Via Cesare Battisti 21 | Metro 1 San Babila)*

RESTAURANTS €€€

JOIA ★ (134 C4) (*L3*)
Seit Jahren beweist Chef Pietro Leemann in seinem ruhigen Lokal, dass man auch mit rein vegetarischen Zutaten Spitzenküche kreieren kann. *So geschl. | Via Panfilo Castaldi 18 | Tel. 02 29 52 21 24 | www.joia.it | Metro 1 Porta Venezia*

AL PONT DE FERR (137 D5) (*H7*)
Nahe der „Eisenbrücke" über dem Naviglio Grande präsentiert sich das Lokal wie eine einfache Osteria mit Tischchen auf dem Pflaster. Die Küche ist hingegen von raffinierter Kreativität voller Überraschungen. Die etwas einfachere Filiale: die *Osteria Rebelot del Pont* gleich neben-

MARCO POLO HIGHLIGHTS

★ Camparino in Galleria
Auf einen Drink in die Bar, wo der Campari erfunden wurde → S. 52

★ Signor Vino
Tolle Weine und Spezialitäten aus ganz Italien → S. 59

★ Joia
Haute Cuisine geht auch ohne Fleisch → S. 53

★ Pavé
Für das Aprikosenteil 160 % steht man Schlange → S. 53

★ Il Luogo di Aimo e Nadia
Für Gourmets eines der Topziele Italiens → S. 54

★ Risotto Milanese
Ein Hochgenuss der Mailänder Küche, unbedingt probieren – z. B. im *Ratanà* → S. 56

an. *Tgl. | Ripa di Porta Ticinese 55 | Tel. 02 89 40 62 77 | Metro 2 Porta Genova*

IL LUOGO DI AIMO E NADIA ★

(0) *(🗺 C6)*

Für Feinschmecker eine der ersten Adressen nicht nur in Mailand, und das seit Jahrzehnten: Wer die *cucina italiana* mit ihren Zutaten, Kombinationen und Kochtechniken auf höchstem Niveau kennenlernen möchte, der macht sich auf den Weg zu diesem modern-gediegenen Lokal. Auch wenn es sich abseits vom Zentrum in einer anonymen Gegend versteckt. *Sa-Mittag, So geschl. | Via Montecuccoli 6 | Tel. 02 41 68 86 | www.aimoenadia.com | Metro 1 Primaticcio*

SETA MANDARIN ORIENTAL

(131 D2) *(🗺 K4)*

Im Wettlauf um die beste Küche in den Mailänder Luxushotels liegt dieses weit

LIEBLINGS(ADR)ESSEN

Unter der Sonne Siziliens

Es gibt nur wenig Platz in dem kleinen warmen Lokal ★ *Pastamadre* **(138 C4)** *(🗺 M7) (So geschl. | Via Bernardino Corio 8 | Tel. 02 55 19 00 20 | Metro 3 Porta Romana | €–€€)* im lebendigen Viertel um die Porta Romana. Man hockt auf spartanischem, recyceltem Gestühl und wartet geduldig auf die köstliche Pasta aus Biomehl, die der sizilianische Koch mit sonnensüßen Tomaten, Schafskäse, saftigen Auberginen oder Sardinen anmacht. Viele kommen immer wieder und wissen, dass man am besten reserviert.

Eine alte lombardische Trattoria

Die ehrwürdige ★ *Osteria del Treno* **(134 C3)** *(🗺 L2) (Sa-Mittag und So-Mittag geschl. | Via San Gregorio 46 | Tel. 0 26 70 04 79 | www.osteriadeltreno.it | Metro 3 Repubblica | €€)* in Bahnhofsnähe, einst der Feierabendverein der Eisenbahner, bringt einem lombardische Rezepte nahe, wie sie sonst kaum mehr zu finden sind. Eingelegtes Gemüse zu erstklassigen Käse- und Schinkensorten, mit Lauch gefüllte Teigtaschen, geschmorte Schweinebacke, Ossobuco mit Griesflan, alles besonders sorgfältig mit Slow-Food-Produkten zubereitet und freundlich serviert.

Trinken, Essen, Kaufen

Sich am Naviglio mit der Menge beschaulich treiben lassen, ok, aber um gut und untouristisch zu essen, schlägt man sich besser um die Ecke auf die Via Vigevano. Die engagierten Betreiber des gemütlichen, lockeren Lokals *Taglio* **(137 D4)** *(🗺 H7) (Tgl. | Via Vigevano 10 | Tel. 02 36 53 42 94 | www.taglio.me | Metro 2 Porta Genova | €€)* kochen, was die Saison bietet. Man kann Espresso oder Wein trinken, in kulinarischen Büchern schmökern, Leckereien einkaufen und gut tafeln.

Aus alt mach hip

Morbide Vintageromantik in den *Fonderie Milanesi* **(137 F5)** *(🗺 J7) (So-Mittag und Mo geschl. | Via Giovenale 7 | Tel. 02 36 52 79 13 | Bus 71, 79 | Tram 9, 15 | €€)*: In dem faszinierenden Labyrinth aufgelassener Werkshallen und im Gartenhof einer alten Gießerei unweit der Porta Ticinese trifft man sich zum Aperitif, zum Abendessen und sonntags zum Brunch.

vorn. Hier im Mandarin Oriental, dem Hotel der Superklasse zwischen Brera und dem Modeviertel Quadrilatero, ist alles top. Man durchquert die edle Rezeptionshalle und gelangt ins elegante Restaurant mit schönem Innenhof. Mit besten mediterranen Zutaten von Land wie Meer beginnt eine kulinarische Reise der Vollkommenheit, dazu gehört auch der perfekte Service. *Tgl. | Via Andegari 9 | Tel. 02 87 31 88 88 | www.mandarinoriental.it | Metro 3 Montenapoleone*

RESTAURANTS €€

EL BARBAPEDANA (137 D4) (*🕮 H6*)
Eine kleine, gemütliche Trattoria unweit der Navigli, die mit ihrer sorgfältigen Küche erfreut, darunter Traditionsgerichte wie Risotto, *cotoletta* und *ossobuco*. Probieren Sie hier die typischen *nervetti!* Alles sehr lecker und reichhaltig. An der unteren Grenze der Preiskategorie. *So geschl. | Corso Cristoforo Colombo 7 | Tel. 02 36 58 68 97 | www.elbarbapedana.it | Metro 2 Porta Genova | Tram 2, 14*

BIOESSERI BRERA (131 D1) (*🕮 K3*)
Überall in Mailand öffnen Biorestaurants. Wie dieses freundliche, moderne Bistrot mitten in Brera. Man kann mit dem Frühstück starten. Weiter geht es bis abends mit einfallsreich zubereiteter Küche nur aus Biozutaten, auch reinen Veganern schmeckt es hier. *Tgl. | Via Fatebenefratelli 2 | Tel. 02 89 07 10 52 | www.bioesseri.it | Metro 3 Montenapoleone*

OSTERIA BRUNELLO (133 F3) (*🕮 J2*)
In dieser schönen, modernen Trattoria in Brera bieten Speisekarte und Weinkeller feine italienische Klassiker, zum Beispiel Tatar von der piemontesischen Rindersorte Fassona oder handgemachte, mit Kürbis gefüllte Ravioli. Ein Höhepunkt ist

Schlicht ergreifend: die sizilianische Küche im Pastamadre

die typische ● *cotoletta alla milanese,* kross am Knochen gebraten. Günstige Mittagskarte! *Tgl. | Corso Giuseppe Garibaldi 117 | Tel. 02 65 92 97 3 | www.osteriabrunello.it | Metro 2 Moscova*

LA DOGANA DEL BUONGUSTO (137 E3) (*🕮 J6*)
Mal nicht modern stylisch, sondern in alten Gemäuern gemütlich inszeniert, und das im Zentrum nahe der Basilika San Lorenzo. Spezialitäten aus ganz Italien kommen auf den Tisch: Entenschinken oder Burrata aus Büffelmilch, natürlich Risotto, Lamm und Fisch, auch Süßwasserfisch in grüner Soße, und ein denkwürdiges Tiramisu. Die Mittagskarte passt in Kategorie €. Auch eine *Weinstube (mittags und So geschl.)* gehört dazu. *Sa-Mittag, So geschl. | Via Molino delle Armi 48 | Tel. 02 83 24 24 44 | www.ladoganadelbuongusto.it | Bus 93 | Tram 3*

Slow-Food- und Safranrisotto-König: Cesare Battisti vom Ratanà

INSIDER TIPP **AL FRESCO**
(136 B4) *(🗺 G7)*
Buchstäblich im Freien, denn hinter dem Lokal im charmanten Countrystil im Designerviertel Tortona tut sich ein zauberhafter Garten auf. Dazu passt die frische, moderne Küche. *Mo geschl. | Via Savona 50 | Tel. 02 49 53 36 30 | www.alfrescomilano.it | Metro 2 Porta Genova | Tram 14*

MERCATO DEL PESCE (134 C1) *(🗺 M1)*
Mailand liegt nicht am Meer, dennoch gibt es hier nahezu fangfrischen Fisch: Die anspruchsvolle Stadt wird noch in der Nacht als erste beliefert. Vom Fischstand direkt in die Pfanne geht es in diesem Fischmarkt mit Restaurant links vom Hauptbahnhof. Man sitzt gepflegt an weiß eingedeckten Tischen und genauso appetitlich präsentieren sich die Gerichte. An der unteren Grenze der Preiskategorie. *So, Mo-Mittag geschl. | Via Sammartini 70 | Tel. 02 66 93 38 84 | Metro 3 Stazione Centrale*

PONTE ROSSO (137 D5) *(🗺 H7)*
Inmitten des Rummels am Naviglio Grande ist diese freundliche Trattoria mit gehobener Küche eine Wohltat, an warmen Tagen kann man auch draußen sitzen. *So-Abend geschl. | Ripa di Porta Ticinese 23 | Tel. 02 83 73 13 2 | Metro 2 Porta Genova*

RATANÀ (134 A2) *(🗺 K1)*
Hinterm Bahnhof Porta Garibaldi zwischen neuen Hochhäusern der City eine Libertyvilla: im Innern urbane Schlicht-

KOCHEN LERNEN ALLA MILANESE

Bei den wunderbaren Auslagen der Delikatessengeschäfte bekommt man Lust, selbst Hand anzulegen. Mehrere ● Kochschulen bieten Kurse an, die einen Abend oder auch einen Nachmittag dauern – und am Herd versteht man sich auch ohne große Italienischkenntnisse. Will man es wie ein Profi angehen, kommt die Kochschule von Italiens bestem Gastromagazin *La Cucina Italiana* **(133 D6)** *(🗺 H4) (Piazzale Cadorna 5/Via San Nicolao 7 | Tel. 02 49 74 80 04 | scuola.lacucinaitaliana.it | Metro 1, 2 Cadorna)* infrage, mit lauter Kursen zu den Raffinessen von Antipasti, Pasta, Fisch, Desserts. Oder lieber Kochen mit Freunden, und man lernt auch noch was dabei? Die passionierte Hobbyköchin *Clara Raimondi* **(132 B4)** *(🗺 F3) (Piazza Febbraio 6 | Tel. 33 58 05 98 52)* lädt zu sich nach Hause ein und man kocht mit ihr ein mehrgängiges Mittagessen.

heit, hochwertige Slow-Food-Zutaten sowie Klassiker wie das sensationelle ★ Safranrisotto oder *ossobuco*. Mittags sorgfältige Tellergerichte zu erschwinglichem Preis. Ein Hit bei jüngerer, smarter Klientel. *Im Sommer Sa/So geschl. | Via Gaetano De Castillia 28 | Tel. 02 87 12 88 55 | ratana.it | Metro 2 Porta Garibaldi*

A' RICCIONE DAL 1955 (0) (*🕮 0*)
Die einheimischen Kenner gehen in dieses ausgesprochen angenehm gestylte Lokal (heute modern, aber schon 1926 gegründet), wenn sie Lust auf frische Austern haben, auf zarten Carpaccio von Thun- und Schwertfisch, auf Langusten aus Sardinien, auf rote Krebsschwänze aus Apulien oder auf Fischsuppe von der Adria. Man kann sich den Stiefel rauf und runter essen mit den besten italienischen Fischgerichten. *Sa-Mittag geschl. | Via Torquato Taramelli 70 | Tel. 02 68 38 07 | www.ristoranteariccione.net | Metro 5 Marche*

SPAZIO (138 A1) (*🕮 K1*)
Hier möchte man Versuchskaninchen sein, bei den Schülern der Kochschule von Niko Romito, einem bekannten Starkoch aus den Abruzzen. Sie machen das richtig gut. Und wo? Im 3.Stock in der Galleria Vittorio Emanuele II in einer modernen Trattoria mit Blick in die Galleria und auf den Domplatz. Sie sind hier im *Mercato del Duomo*, im rechten Flügel der Galleria, wo ein Fooderlebnis das andere jagt. *Tgl. | Via U. Foscolo 1 | Tel. 02 87 84 00 | Metro 1 Duomo*

RESTAURANTS €

ANCHE (133 F1) (*🕮 K1*)
Im Kiez Isola hinter der Hochhausenklave Porta Nuova gibt es sympathische Ausgehadressen: Das lockere Lokal in rustikalem Vintagestil hat beides, eine *Bar (tgl. 8–2.00 Uhr)* mit Cappuccino und Cocktails, ein *Restaurant* mit schmackhaften kleinen und großen Gerichten, die man aus einem Fotoalbum aussucht. *Tgl. | Via Pastrengo/Via Carmagnola | Tel. 33 18 22 40 02 | www.anche.it | Metro 2, 5 Stazione Porta Garibaldi*

INSIDER TIPP **ANTICA HOSTARIA DELLA LANTERNA** (138 A4) (*🕮 K6*)
Ein wenig Italienisch sollten Sie verstehen, denn Speisekarte gibt es hier keine: Die Wirtin verrät mündlich, was sie im Angebot hat – man kann allerdings ohnehin kaum danebenliegen bei der guten Hausmannskost. Unbedingt reservieren! *Sa-Mittag und So geschl. | Via Giuseppe Mercalli 3 | Tel. 02 58 30 96 04 | Tram 15 | Bus 94*

LOW BUDG€T

Folgen Sie den Büromenschen in ihre Mittagspause in eines der günstigen Selbstbedienungsrestaurants, z. B. das *Rita Moscova* **(134 B4)** (*🕮 K–L3*) *(abends und Sa/So geschl. | Via della Moscova 3/Via Turati | Metro 3 Turati)* bei den Giardini Pubblici.

Zur *pausa pranzo* oder als *light lunch* bieten auch viele gehobene Restaurants leichte, preisgünstige Mittagsgerichte an.

Trinkwasser frisch, kontrolliert und umsonst: Rund 450 Trinkwasserspender, *draghi verdi* (grüne Drachen) genannt, verteilen sich aufs Stadtgebiet – wo, das zeigt die Karte auf *www.fontanelle.org* (Menüreiter „Mappa fontanelle").

SPEZIALITÄTEN

bresaola – getrocknetes Rindfleisch, hauchdünn aufgeschnitten
busecca – Kutteleintopf mit Bohnen
cassoeula – Eintopf aus Schweinefleisch, fetten Würstchen und Wirsing
co(s)toletta milanese – paniertes Kalbsschnitzel oder -kotelett
gnervitt (nervetti) – Kalbsknorpel mit Öl, Essig und Zwiebeln, ein typisches Antipasto
grana – lombardische Variante des *parmigiano*-Käses
gremolata – würzige Sauce aus Kräutern, Knoblauch und Zitronenschale, beliebt zum *ossobuco*
ossobuco – geschmorte Kalbshaxe in Scheiben (Foto re.)
panettone – weihnachtlicher Hefekuchen mit Rosinen und Orangeat
(pesce) persico – Barsch, z. B. frittiert, Spezialität vom Comer See
pizzoccheri – kurze, breite Bandnudeln aus Buchweizenmehl mit Wirsing und Kartoffeln, Spezialität aus der Valtellina
risotto milanese – Reis, mit Zwiebeln und Butter angedünstet und mit Safran und Fleischbrühe geköchelt, zum Schluss mit Parmesan bestreut (Foto li.)
taleggio – aromatischer Weichkäse aus den lombardischen Bergen
tortelli di zucca – mit Kürbis gefüllte Teigtäschchen, Spezialität aus Mantua
zuppa pavese – Fleischbrühe mit gerösteten Brotscheiben und Ei

NERINO DIECI (137 F2) (*🕮 J5*)
Wer hier essen möchte, der sollte unbedingt reservieren. Die moderne, ansprechende Trattoria mitten im Zentrum Mailands kann sich vor Ansturm kaum retten. Ist man erst einmal dort, versteht man sehr schnell, weshalb: Der Ton ist freundlich und die Küche frisch, einfach und dennoch abwechslungsreich. Der Koch liebt Fisch, aber auch alles andere. Und zu Mittag gibt es ein günstiges Lunchangebot zu 9 bis 12 Euro. *Sa-Mittag, So geschl. | Via Nerino 10 | Tel. 02 39 83 10 19 | Metro 1 Duomo | Tram 2, 14*

PIZ (137 F2) (*🕮 K5*)
In dieser kleinen bunten, immer vollen Pizzeria gibt nur drei Pizzasorten, duftend, lecker und die ideale Stärkung in dieser zentralen Shoppinggegend. *So und Mo-Mittag geschl. | Via Torino 34 | Tel. 02 86 45 34 82 | Metro 1 Duomo | Tram 2, 14*

SAPORI SOLARI (0) *(D5)*
Es ist ein Stück Weg in dieses Schlaraffenland aus Schinken und Käse, aber er lohnt sich: Man kann die Leckereien kaufen oder im Laden an rustikalen Tischen verspeisen. Immer voll, deshalb reservieren! *So geschl. | Via Anguissola 54 | Tel. 02 36 51 38 16 | Metro 1 Piazzale Bande Nere*

SIGNOR VINO ★ (131 E4) *(K5)*
Diese eindrucksvolle Weinhandlung hinter der Domapsis zeigt, was Italiens Weinberge hergeben; dazu wählt man aus der nach Regionen geordneten Speisekarte – zu für diese Lage zivilen Preisen. *Tgl. | Piazza Dumo/Ecke Corso Vittorio Emanuele II | Tel. 02 89 09 25 39 | www.signorvino.it | Metro 1, 3 Duomo*

INSIDER TIPP **UPCYCLE MILANO BIKE CAFÉ** (135 F6) *(O2)*
Die fahrradbegeisterte Gründertruppe hat die Bike-Werkstatt in ein supergemütliches Lokal verwandelt, Kult unter den Studenten vom Campus Città Studi. In Beachstühlen oder an langen Gemeinschaftstischen wird gesurft, frische Säfte, gute Biere und Cocktails geschlürft, es gibt Veganes, saftige Hamburger und geräucherten Fisch. Und manchmal Livekonzerte. *Tgl. | Via A.M. Ampère 59 | Tel. 02 83 42 82 68 | www.upcyclecafe.it | Metro 2 Piola*

INTERNATIONALE KÜCHE

RAVIOLERIA (133 D3) *(H2)*
Ein Streetfood-Kiosk im chinesischen Viertel, vor dem die Leute Schlangen stehen: Hier gibt es gedämpfte chinesische Teigtaschen, die mit dem Fleisch von der italienischen Metzgerei gleich nebenan gefüllt werden oder mit Biogemüse. Damit setzt man sich auf die nächste Straßenbank. *Tgl. | Via Paolo Sarpi 27 | Metro 5 Monumentale | Bus 94 | Tram 2, 12*

WARSÀ (135 D4–5) *(M3)*
Einige gute äthiopische bzw. eritreische Speiselokale verweisen darauf, dass seit Generationen Einwanderer aus der ehemaligen italienischen Kolonie am Horn Afrikas in Mailand heimisch sind. Schöne Atmosphäre, typische Musik. *Mi geschl. | Via Melzo 16 | Tel. 02 20 16 73 | www.ristorante warsa.it | Metro 1 Porta Venezia | €–€€*

ZAZÀ RAMEN (133 F4) *(K3)*
Für die Mailänder hat die japanische Küche Eleganz, sie passt zu ihnen. Entsprechend gibt es viele, auch feine japanische Restaurants. Dieses hier in Brera ist hell, unkompliziert und auf Ramen spezialisiert, die japanischen Weizennudeln, die man in Suppen mit Fleisch, Fisch und Gemüse isst. *Tgl. | Via Solferino 48 | Tel. 02 36 79 90 00 | www.zazaramen.it | Metro 2 Moscova*

Eritrea in Mailand: Warsà

EINKAUFEN

WOHIN ZUERST?
Vom Domplatz geht es in die **Galleria Vittorio Emanuele II (131 D3)** *(K5)* bzw. auf den **Corso Vittorio Emanuele II** zu den Edelkaufhäusern La Rinascente und Excelsior. Etwa 600 m den Corso hinauf erreichen Sie das **Quadrilatero della Moda (131 E–F 2–3)** *(K–L4)*. Weitere Shoppingmeilen, auch für jüngere Leute, sind **Via Dante (130 C3)** *(J4–5)* Richtung Kastell, **Via Torino (130 C4–5)** *(J–K5)* Richtung Porta Ticinese, **Corso Vercelli (136 A–B1)** *(F–G 4–5)* im Westen sowie im Osten der **Corso Buenos Aires (134–135 C–E 2–4)** *(M–N 1–3)*.

In Sachen Shopping hat Mailand eine unwiderstehliche Sogkraft. Die Erwartungen sind hoch, aber das nimmt die Stadt gelassen. Als Kapitale der Mode, des Designs und der Delikatessen ist sie bestens gerüstet.

Da sind nicht nur die Edelkaufhäuser, die Luxusboutiquen der italienischen wie internationalen Fashionlabels und alle globalen Markenketten. Jeder wird fündig, egal, nach was er sucht: Neueste Trends oder Vintage wechseln sich ab, Glamouröses, Klassisches und Verrücktes, Märkte und Outlets. Wenn Sie in Januar oder in Juli/August kommen, gibt es die *Saldi*, da purzeln die Preise um 30 bis 50 Prozent. Was die Stadt in Sachen Shopping weltberühmt gemacht hat, ist das ★ *Quadrilatero della Moda,* das „Viereck

Mode und Design: Wo man in die schönsten Kleider schlüpft – Einkaufen in Mailand macht einfach Spaß

der Mode". Nicht einmal in New York findet man auf so kleinem Raum ein vergleichbares Angebot von Boutiquen, wo die besten Modeschöpfer der Welt ihre neuesten Kreationen wunderschön präsentieren. Die bekannteste Straße ist die Via Monte Napoleone. An der beschaulichen Parallelgasse Via della Spiga geht es weiter mit den luxuriösen Erlebnisräumen. Ein weiterer Höhepunkt ist Armanis Edelkaufhaus in der Via Manzoni.

Einkaufsviertel finden Sie um den Corso Vittorio Emanuele II zwischen Dom und San Babila, um die Via Torino und weiter am Corso di Porta Ticinese, beim Corso Buenos Aires zwischen Porta Venezia und Piazzale Loreto oder am Corso Vercelli. Kunst, Ausgefallenes und Antiquitäten werden im Breraviertel angeboten und um den Corso Garibaldi/Corso Como.

Mailand ist eigentlich nur drei Mal im Jahr geschlossen: um Ferragosto (15. August) herum, wenn ganz Italien an den Stränden ist, sowie am 7./8. Dezember und an Weihnachten. Shopping ist bis 19.30/20 Uhr möglich (manchmal sogar

Ob fein oder deftig: Was Italien zum Essen braucht, gibt's alles in der Eataly

etwas länger), am Sonntag haben Läden nur im Zentrum geöffnet und am Montagvormittag bleiben viele Rollläden unten. Während Kaufhäuser und Supermärkte häufig durchgehend geöffnet haben *(orario continuato)*, müssen Sie im Einzelhandel mit einer Mittagspause von 12.30 oder 13 bis 15.30 oder 16 Uhr rechnen.

ANTIQUITÄTEN & ANTIQUARIATE

ANTICHI VIZI (130 C2) *(🕮 K4)*
Wunderkammer oder Gruselkabinett: Anatomiemodelle, zu Skulpturen gebleichte Wolfsschädel, kuriose Schaukästen, schräge Puppen – vieles davon sind alte kunstvolle Stücke. *Via dell'Orso 12 | www.antichivizi.com | Metro 3 Napoleone | Bus 61*

SISTERS' ANTIQUES (130 B3) *(🕮 J5)*
Eine Schatzkammer für Liebhaber prachtvollen alten Schmucks: Broschen und Colliers aus der Empirezeit oder im Art-nouveau-Stil, russische Fabergéobjekte, Modeschmuck aus den Vierzigerjahren und vieles mehr. *Via San Giovanni sul Muro 18 | Metro 1 Cairoli | Tram 16*

BÜCHER, CDS & FILME

BIRDLAND (130 C6) *(🕮 J6)*
Eine Fundgrube für Musikfreunde mit Vorlieben für Jazz, Blues, zeitgenössische Klänge; dazu eine reiche Auswahl an Noten und Musikfilmen. *Via Vettabbia 9 | www.birdlandjazz.it | Metro 3 Missori | Bus 94*

BOCCA 1773 (131 D3) *(🕮 K5)*
Das ist eines der ältesten Geschäfte der Stadt, noch vor dem Bau der Galleria entstanden, eine Kunstbuchhandlung vom Feinsten. *Galleria Vittorio Emanuele II 12 | www.libreriabocca.com | Metro 1, 3 Duomo*

FELTRINELLI
Die größte italienische Buchhandelskette ist mehrfach in Mailand vertreten, u. a.

am Domplatz im Untergeschoss der *Galleria Vittorio Emanuele II* (131 D3) *(🕮 K5) (Mo–Sa 10–23, So 10–20 Uhr | www.lafeltrinelli.it | Metro 1, 3 Duomo)* zusammen mit *Ricordi CDs* (auch Noten) auf insgesamt 4000 m^2. In den Filialen im Bahnhof und in der *Via Manzoni 12* (131 D2) *(🕮 K4) (Mo–Sa 6–19.30, So 7–13.30 Uhr | Metro 3 Monte Napoleone)* finden Sie auch fremdsprachige Titel und internationale Presse.

DELIKATESSEN & WEIN

CAMINADELLA DOLCI (130 A5) *(🕮 H6)*
Kuchen in allen Größen, Plätzchen, bunte Macarons, Gemüsequiches – all das in einem hübschen Ladencafé versteckt in einem Innenhof. *Via Caminadella 23 | Metro 2 Sant'Ambrogio | Tram 2, 14*

CIOCCOLATITALIANI (137 E3) *(🕮 H–J6)*
Hier dreht sich alles um Schokolade, vom Schoko-Espresso bis zur köstlichen Eiscreme, eine sehr erfolgreiche Mailänder Kette. *Via Edmondo De Amicis 25 | www.cioccolatitaliani.it | Metro 2 Sant'Ambrogio*

COTTI (134 A3) *(🕮 K2)*
Traditionshaus mit rund 1000 italienischen Weinen. Neben dem Laden gibt es eine kleine Bar, die eine Weinauswahl im Ausschank hat. *So/Mo geschl. | Via Solferino 42 | Metro 2 Moscova*

INSIDER TIPP **DOLCEMENTE**
(133 F3) *(🕮 J2–3)*
Die Kultadresse für Dessertkünstler: Hier bekommen Sie alle Gerätschaften für den Designerkuchen sowie die Zutaten zur Patisserie und Zuckerbäckerei wie Glasuren, Zuckerblumen, natürliche Farbstoffe etc. *Via Alessandro Volta 6 | www.dolcementeweb.com | Metro 2 Moscova*

EATALY SMERALDO ★
(133 F3) *(🕮 K2)*
Die Qualitätsdelikatessen aus ganz Italien dieser hochgerühmten Kette, ein Schlaraffenland für Foodies, haben in einem ehemaligen Theater nahe dem Corso Como ihre angemessene Bühne gefunden. Im Store finden sich Bistros, Theken und das Gourmetlokal *Alice*. Eine

MARCO POLO HIGHLIGHTS

★ Quadrilatero della Moda
Das mondäne Viereck der Mode → S. 60

★ Rossana Orlandi
Auf den originellen Geschmack dieser Designgaleristin kann man sich verlassen → S. 65

★ Peck
Wo Mailand durch den Magen geht → S. 64

★ Artemide
Schöner kann Licht nicht scheinen → S. 64

★ Armani
Das Haus der absoluten Eleganz → S. 66

★ La Rinascente
Ein Kaufhaus mit acht Stockwerken Stil → S. 66

★ Mercatone del Naviglio Grande
Antiquitäten und Flöhe am Kanalufer → S. 68

★ Eataly Smeraldo
Bezahlbare italienische Kulinaria: ein superber Concept Store für Foodies → S. 63

Eataly-Abteilung gibts auch im Kaufhaus Coin an der Piazza 5 Giornate. *Piazza XXV Aprile | Metro 2 Porta Garibaldi*

ERNST K KNAM (139 D2) (*M6*)
1992 eröffnete Ernst Friedrich Knam aus dem baden-württembergischen Tettnang seine *pasticceria* in Mailand. Seither heimst er als „König der Schokolade" mit seinen wunderbaren Pralinen, seinen Schokoladenkreationen, seinen Torten alle erdenklichen Preise ein. *Via Augusto Anfossi 10 | www.eknam.com | Tram 9*

ESSELUNGA (134 A3) (*K2*)
Eine Filiale der besten Supermarktkette Italiens erstreckt sich unter der Piazza Gae Aulenti zwischen den Hochhäusern Porta Nuova. *Viale Don Luigi Sturzo 13 | Metro 2 Porta Garibaldi*

PECK ★ (130 C4) (*K5*)
Eine gastronomische Offenbarung auf mehreren Etagen: Pasta und Käse, Marmelade und Wein, Obst und Fleisch, Exotisches und Ausgefallenes. Wer Peck nicht gesehen hat, kennt Mailand nicht. *Via Spadari 9 | www.peck.it | Metro 1, 3 Duomo*

DESIGN & LIFESTYLE

ARTEMIDE ★ (131 F3) (*L4*)
Arco ist die Leuchte, die sich im großen Bogen über den Tisch beugt, *Tolomeo* der Klassiker der Schreibtischlampe: Hier finden Sie all die Leuchten der großen Meister wie Ettore Sottsass, Gae Aulenti, Vico Magistretti, Michele de Lucchi. *Corso Monforte 19 | Metro 1 San Babila*

BIALETTI (131 D4) (*K5*)
Italiens bekannteste Marke für feines Küchenzubehör, vor allem die Moka zum Espressokochen ist von unschlagbarer Form und Qualität. *Piazza dei Mercanti 7 | www.bialetti.it | Metro 1, 3 Duomo*

CARGO HIGH TECH (133 F3) (*K2*)
In einer alten Tintenfabrik residiert dieser Megastore mit seinem Sammelsurium an stylishen, ausgefallenen, „shabby"-schicken, folkloristischen, eleganten Gegenständen für Haus, Küche, Garten: mit Möbeln, Klamotten, Schreibwaren, Düften und vielem mehr. *Mo geschl. | Piazza XXV Aprile 12 | www.cargomilano.it | Metro 2 Porta Garibaldi*

CHINATOWN ALL'ITALIANA

Sie verkaufen Tücher und Spielsachen am Hauptbahnhof, in der Galleria oder auf dem Domplatz: Es sind vielleicht 27 000 Chinesen, die Mailand auch kulinarisch manchmal ein fernöstliches Flair geben.
Anfang der Zwanzigerjahre des 20. Jhs. hatten sich in der weltoffenen Handelsstadt die ersten chinesischen Händler angesiedelt. Ein Verwandter zog den anderen nach, eine Familie die nächste. Und es werden immer mehr. Die meisten leben um die Via Paolo Sarpi voller chinesischer Ladenschilder, heute eine angenehme Bummelmeile zwischen Parco Sempione und dem Monumentalfriedhof. Im chinesischen Shoppingcenter *The Oriental Mall* **(133 D3)** (*H2*) (*Tram 12, 14*) gibt es Hightech, Billigware, aber auch mit asiatische Qualitätsprodukte und Lebensmittel.

Cool, cooler, 10 Corso Como: Dieses Styleimperium ist kein Laden, sondern ein Gesamtkunstwerk

10 CORSO COMO (133 F3) *(🕮 K2)*
In diesem Lifestyleimperium bestimmt allein der Geschmack der Chefin Carla Sozzani das Sortiment – und der ist erlesen, cool und verspielt zugleich. In ihrem Fashion-Space trägt sie zusammen, was ihr an bewährten und noch weniger bekannten Modemachern gefällt, für Herren wie Damen, dazu originell designte Accessoires von Taschen über Regenschirme bis zu Notizbüchlein. Auch an die Einrichtung ist mit allerlei originellen Designobjekten gedacht. Hinzu kommt die Kunstgalerie im oberen Stockwerk mit Fotoausstellungen, außerdem ein Kunstbuchladen. In drei Bed-&-Breakfast-Suiten *(www.3rooms-10corsocomo.com | €€€)* kann man in ihrem schicken Lifestyle sogar wohnen, hochpreisig zwar, aber allein schon die Bäder sind eine Anregung für Ihr nächstes heimisches Renovierungsvorhaben ... Ein Restaurantcafé mit recht anspruchvoller Küche ist im lauschig begrünten Innenhof bis 1 Uhr geöffnet. *Corso Como 10 | www.10corsocomo.com | Metro 2 Porta Garibaldi*

INSIDER TIPP **MARIO LUCA GIUSTI**
(130 C1) *(🕮 J2)*
Die kultigen Krüge aus „synthetischem Kristall“, sprich Acryl, des Florentiner Designers sind federleicht, kunterbunt und nahezu unkaputtbar. *Via Garibaldi 12 | Metro 2 Lanza*

MORONI GOMMA (131 E3) *(🕮 L4)*
Aus Gummi, Plastik, Karton und Leichtmetall: Schräges und Nützliches, Objekte, Möbel, Geräte, Accessoires. *Corso Giacomo Matteotti 14 | www.moronigomma.it | Metro 1 San Babila*

ROSSANA ORLANDI ★
(136 C2) *(🕮 G5)*
In einer alten Schlipsfabrik in einem verwunschenen Hinterhof (Sie müssen klingeln!) tut sich dieses Paradies mit von Rossana Orlandi ausgewählten Möbeln, Geschirr, Objekten von Designtalenten aus den Niederlanden, Skandinavien, Italien auf. Eine echte Fundgrube! *Via Matteo Bandello 14/16 | Metro 2 Sant'Ambrogio*

GESCHENKE, DIES & DAS

FOTO VENETA OTTICA (130 B5) (*🕮 J5*)
Gehen Sie den ersten Stock hinauf in diesen Brillenladen, der ein INSIDER TIPP phantastisches Angebot an Vintage-Brillengestellen hat, Sonnenbrillen aus den Sechzigerjahren, Skibrillen aus den Siebzigern. Zu verdanken ist die Vielfalt der Sammlerfreude dieser Optikerfamilie in der dritten Generation. *Via Torino 57 | www.fotovenetaottica.com | Tram 2, 3, 14*

LISA CORTI HOME TEXTIL (134 C4) (*🕮 M3*)
In dem schönen Geschäft zeigt Lisa Corti ihre zauberhaften heiteren Stoffkreationen, die von Farbtönen und Webstoffen aus Afrika und Indien inspiriert sind, Regionen, die sie seit ihrer Kindheit bereist. *Via Lecco 2 | www.lisacorti.it | Metro 1 Porta Venezia | Tram 9*

COLTELLERIA LORENZI (130 B3) (*🕮 J5*)
Austernmesser, Nagelbürsten, Mokkamaschinen, Parmesanhobel und Rasierpinsel sind nur einige der edlen Accessoires, die es in dem 100 Jahre alten Laden zu entdecken gibt. *Corso Magenta 1 | www.o-lorenzi.it | Tram 12, 14 | Metro 2 Cadorna*

INSIDER TIPP PETTINAROLI (131 D3) (*🕮 K4*)
Historische Stadtpläne und Landkarten – und schon seit 1881 *die* Mailänder Adresse für geschmackvolle Brief- und Visitenkarten. *Piazza San Fedele 2 | Eingang Via T. Marino | Metro 1, 3 Duomo*

KAUFHÄUSER

ARMANI ★ (131 E2) (*🕮 K4*)
Ein Kaufhaus der besonderen Art, die Warenwelt von Italiens berühmtestem Modeschöpfer Giorgio Armani: Über die Stockwerke verteilen sich seine Kreationen, außerdem ein Café, ein Speiselokal, ein Kunstbuchladen und das edle Sushirestaurant *Nobu,* dazu auf dem Dach ein luxuriöses Suitenhotel. *Via Alessandro Manzoni 31 | Metro 3 Monte Napoleone*

THE BRIAN & BARRY BUILDING (131 F3) (*🕮 L5*)
Klingt sehr britisch, dahinter stehen aber die Brüder Zaccardi aus Monza, bekannte Herrenausstatter und heute Betreiber dieses hocheleganten Megastores, in dem sich auf zwölf Etagen Damen- und Herrenmode von Streetwear bis klassisch verteilt, dazu Schuhe, Schmuck, Kosmetik und natürlich Lebensmittel und das Gourmetrestaurant *Asola. Via Durini 28 | thebrianebarrybuilding.it | Metro 1 San Babila*

COIN (139 D2) (*🕮 M5*)
Der Flagship Store dieser alteingesessenen, anspruchsvollen Kaufhauskette verteilt sich auf sieben Stockwerke. Ein Plus ist das reiche Wohndesignsortiment, beliebt die Happy Hour im Panoramarestaurant *Globe. Piazza 5 Giornate 1a | Tram 9,12*

EXCELSIOR MILANO ● (131 E3) (*🕮 L5*)
Ein ehemaliges Innenstadtkino beherbergt heute diesen Mode-Beauty-Food-Tempel, eine weitere unter den zahlreichen Luxusadressen. *Galleria del Corso 4 | Metro 1, 3 Duomo*

LA RINASCENTE ★ (131 E3) (*🕮 K5*)
Edelkaufhaus auf sieben Etagen mit Brunchrestaurant und Bar auf dem Dach (Terrasse mit Domblick). Bekleidung, Parfümerie, Accessoires, Designhaushaltswaren. *Via Santa Radegonda 3/Piazza Duomo | Metro 1, 3 Duomo*

KLEIDUNG & ACCESSOIRES

INSIDER TIPP ASAP – AS SUSTAINABLE AS POSSIBLE (133 F3) *(J2)*
Unter diesem Label wird Mode von raffinierter Schlichtheit aus Edelmaterialien und Modellen der Vorsaison geschneidert. *Corso Garibaldi 100 | www.asaplab.it | Metro 2 Moscova*

BOGGI (131 F3) *(L4–5)*
Herrenausstatter, für seine gut geschnittenen Hemden, Jeans und knappen Mäntel auch bei jungen Männern beliebt. Gutes Preis-Leistungs-Verhältnis. Acht Filialen in der Stadt, z. B.: *Piazza San Babila 3 | Metro 1 San Babila*

ES: IL BELLO DELL'INTIMO
(130 B3) *(J4)*
Wunderschöne Dessous und Bademoden von exklusiven italienischen Labels mit femininen, mal glamourösen, mal mädchenhaften Kreationen. Auch ans Outfit für die Beachparty ist gedacht. *Foro Bonaparte 71 | Metro 1 Cairoli | Tram 1, 4*

IL GUFO (131 E3) *(L5)*
Man kann in Mailand schöne Kinderkleidung kaufen. Besonders niedliche Sachen schneidert dieses spezialisierte Label. *Via San Pietro all'Orto 22 | www.ilgufo.it | Metro 1 San Babila*

INSIDER TIPP NO. 30 MILANO
(131 E2) *(L4)*
Mode für sie und ihn in einem Hinterhaus der noblen Einkaufsstraße. Ein feines Sortiment, auch interessante Nischenlabels, und überaus freundliche Beratung. *Via della Spiga 30 | www.n30milano.com | Metro 3 Monte Napoleone*

OFFICINA SLOWEAR (133 F4) *(K3)*
Wer nach Lieblingsteilen sucht, die lange halten sollen: hochwertig verarbeitete Casualmode für Männer. *Via Solferino 18 | www.slowear.com | Metro 2 Moscova | Tram 12*

PIUMELLI (133 D3) *(K5)*
Handschuhe aus feinem Leder und in allen möglichen Farben – einst ein Handschuhmacher aus Neapel, heute eine Kultmarke (auch in der Via Monte Napoleone 18). *Galleria Vittorio Emanuele II | www.piumelli.com | Metro 1, 3 Duomo*

VINTAGE CAVALLI E NASTRI
(130 B5) *(J6)*
Secondhand auf hohem Niveau, bis hin zu Prada und Dior, gern aus den Siebzigerjahren. Ein zweiter Laden ist in der *Via*

LOW BUDG€T

Mailands erster Fashion-Outlet in einem Hinterhof ist nach wie vor unschlagbar in seinem Angebot an guten Marken und Preisen: *Il Salvagente* **(139 E1)** ***(N5)*** *(Via Fratelli Bronzetti 16 | www.salvagentemilano.it | Tram 12 | Bus 60, 73, 93).*

Mitten im Quadrilatero finden sich gleich zwei Designer Fashion Outlets von *DMAG*: in der *Via Bigli 4 (www.dmag.eu)* und in der *Via Manzoni 44*, beide **(131 E2)** ***(K4)***.

Auf dem Samstagsflohmarkt *Fiera di Sinigaglia* **(136 C4–5)** ***(G–H7)*** *(8–18 Uhr | Alzaia Naviglio Grande/Ecke Via Valenza | www.fieradisinigaglia.it | Metro 2 Porta Genova | Tram 2)* gibt's Klamotten, Schuhe, Accessoires zu günstigen Preisen. Das Wo und Wann der vielen Wochenmärkte: *mercati-settimanali.it/Milano*

Brera 2. Via Gian Giacomo Mora 3 | www.cavallienastri.com | Metro 2 Sant' Ambrogio

WAIT AND SEE (130 C4) *(🕮 J5)*
Ausgefallene Taschen und Accessoires, exzentrische Designstücke, Kleider – eine Wunderkammer an originellen Fundstücken, noch dazu in einer zentralen, aber versteckten Ecke voller Flair. *Via Santa Marta 14 | Metro 1, 3 Duomo*

WOK (137 F4) *(🕮 J7)*
Eine Boutique mit exklusiver Streetwear, ausgewählten Stücken internationaler Labels, die sich an neuen Hightechmaterialien versuchen. *Viale Col di Lana 5 | www.wok-store.it | Tram 3, 9, 15*

KOSMETIK

DIEGO DALLA PALMA ●
(130 C2) *(🕮 J4)*
Hier werden Sie geschminkt, gestylt und beraten vom Make-up-Guru Mailands bzw. seiner Crew. Für den Termin: *Tel. 02 87 68 18. Via Madonnina 15 | www.diegodallapalma.com | Metro 2 Lanza*

PROFUMO (133 F5) *(🕮 K4)*
Gute Beratung und ausgefallene Parfums in diesem schönen Laden im Brera-Viertel: Da findet man, wonach man duften möchte. *Via Brera 6 | Metro 2 Lanza | Bus 61*

MÄRKTE

INSIDER TIPP EAST MARKET MILANO
(0) *(🕮 Q2)*
Keine Sorge, kein Kellergerümpel, vielmehr verkaufen und tauschen Privatleute hier in dieser Halle in Lambrate einmal im Monat, was sie zu viel haben: Klamotten, Bücher, Platten, Liebhabersammlungen. Food und Musik machen daraus einen coolen Event. Termine auf Facebook oder über die Website. *Via Privata Giovanni Ventura 14 | Metro 2 Lambrate | Bus 82*

MERCATO DELLA TERRA
(133 D2) *(🕮 H2)*
Slow-Food- und Bauernmarkt jeden ersten und dritten Samstag im Monat in der Fabbrica del Vapore, einem Kulturzentrum auf einem alten Fabrikgelände. *Via Giulio Cesare Procaccini 4 | Tram 12, 14 | Bus 37*

MERCATO DI VIALE PAPINIANO
(136–137 C–D3) *(🕮 G–H6)*
Der größte Wochenmarkt in der Innenstadt mit Lebensmitteln, Kleidung, Schuhen, Haushaltswaren. *Di 7.30–14, Sa 7.30–18 Uhr | Viale Papiniano | Metro 2 Sant'Agostino | Tram 2, 14*

MERCATONE DEL NAVIGLIO GRANDE ★ (137 D4–5) *(🕮 G–H7)*
Der beliebte, stimmungsvolle Markt für Antiquitäten und Trödel schlägt jeden letzten Sonntag im Monat (außer im Juli und August) seine Stände an den Ufern des Naviglio Grande auf. *Alzaia Naviglio Grande 4/Ripa di Porta Ticinese | Metro 2 Porta Genova*

SCHMUCK

DONATELLA PELLINI
(130 A–B3) *(🕮 J5)*
Glamouröse Schmuckkreationen aus Kunstharz und Halbedelsteinen, eigene Ökolinie. Filialen: *Via Manzoni 20* und *Via Morigi 9. Corso Magenta 11 | www.pellini.it | Metro 1, 2 Cadorna*

PILGIÒ (130 A5) *(🕮 H5–6)*
Antonio Pilusos unkonventionelle Kreationen aus Gold, Terrakotta, Holz, Eisen – archaisch und modern zugleich. *Via Ca-*

minadella 6 | www.pilgio.com | Metro 2 Sant'Ambrogio

SCHUHE

ANTONIA (130 C2) (🗺 J4)
Antonia Giacinti gilt als Top-Buyer, ihr Gespür beweist sie in ihrem schönen Multibrandstore in Brera im Palazzo Cagnola nicht nur bei der Auswahl der Klamotten, sondern auch der tollen Schuhe und Sneakers. *Via Cusani 5 | Metro 2 Lanza | Bus 61*

Schlaraffenland für Schräge-Sachen-Finder: der Mercatone del Naviglio Grande

INSIDER TIPP **BELFIORE**
(132 B6) (🗺 F4)
Seit 1953 handgefertigte Mokassins und elegante klassische Schnürer zu erstaunlich guten Preisen. *Via Belfiore 9 | www.calzaturebelfiore.com | Metro 1 Wagner*

LA VETRINA DI BERYL
(133 F4) (🗺 J–K3)
Carrie Bradshaw würden diese originellen High Heels gefallen; erstaunlich, wie gut die Mailänderinnen darauf laufen können! *Via Statuto 4 | Metro 2 Moscova | Tram 2, 12, 14 | Bus 43, 94*

TASCHEN & KOFFER

BRACCIALINI (131 F3) (🗺 L4)
Die Florentiner Marke bietet erstklassig verarbeitete Ledertaschen, die mit großer Spiellaune gestylt und dekoriert sind. *Via della Spiga 5 | Metro 3 Monte Napoleone*

MH WAY (138 B1) (🗺 L5)
Makio Hasuikes Aktentaschen aus Plastik, Rucksäcke, Taschen für Notebooks und I-Pads – cool, aber mit Humor. *Via Durini 2 | www.mhway.it | Metro 1 San Babila*

INSIDER TIPP **VALEXTRA**
(131 D2) (🗺 K4)
Der edelste italienische Kofferhersteller. Schöne Dinge zu entsprechenden Preisen. *Via Alessandro Manzoni 3 | www.valextra.it | Metro 3 Monte Napoleone*

AM ABEND

> **WOHIN ZUERST?**
> Da die Mailänder nach dem Aperitif gern essen gehen, trifft man sich am liebsten dort, wo beides eng beieinanderliegt, z. B. am **Corso Sempione (132–133 C–D4)** ***(🕮 G–H3)*** mit Treffpunkt am Arco della Pace. Lockerer geht es an den studentischen Treffpunkten um die **Porta Ticinese (137 E4)** ***(🕮 J7)*** bzw. beim **Parco delle Basiliche (137 E3–4)** ***(🕮 J6)*** zu. Eine weitere Ausgehmeile ist der **Corso Como (133 F2–3)** ***(🕮 K2)*** mit guten Nachtlokalen in der Nähe. Für alle etwas bietet die Mischung am **Naviglio Grande (136–137 A–D 4–5)** ***(🕮 C–H 7–8)***.

Wer glaubt, dass diese Stadt irgendwann mal zur Ruhe kommt, der irrt. Tagsüber wird geackert und Geld verdient, abends entspannt man sich in einer Bar oder tobt sich in einem Club aus. Mit der weltberühmten Scala sowie einem Konzert- und Theaterprogramm, das in Italien ohne Konkurrenz ist, festigt Mailand jeden Tag seinen Ruf als Kulturhauptstadt des Landes. Mailand ist auch die Stadt des Aperitifs, der Happy Hour von 18 bis 21 Uhr; die Fingerfoodbuffets dazu können so üppig ausfallen, dass sie ein Abendessen ersetzen. Da empfiehlt es sich zu reservieren. Auch die Diskotheken, die ein Restaurant haben, eröffnen den Abend mit dem Aperitifbuffet. Wie eng Essens- und Vergnügungsszene zusammengehören, zeigt der Erfolg der

 Bild: Il Gattopardo Café

Große Oper und Piccolo Teatro: Am Abend schaltet man nicht ab, sondern um – auf Vergnügen aller Art

entsprechenden Treffpunkte am Corso Sempione oder am Corso Como, im Viertel Isola nördlich des Bahnhofs Porta Garibaldi, im Viertel Porta Ticinese/San Lorenzo, in der Zona Tortona oder längs der Navigli bzw. Via Vigevano. Beliebte Treffpunkte sind außerdem eine Reihe Bars, oft klein und voll, manche auch mit kleiner Küche, in denen engagierte Bartender gute Cocktails mixen. Für Livemusik gibt es ein paar gute Adressen, und im Sommer beleben sich die Parks mit Musik und Events.

BARS & WEINLOKALE

BICERÌN (134 C4) (*🕮 L3*)
Im lebendigen Viertel nordöstlich der Giardini Pubblici öffnet gegen 17 Uhr das *Gläschen*: Ins behagliche Loungelokal kommt man zum guten Glas Wein oder zum neuen Bio-Vermouth Oscar.697 mit frischer Minze oder Holunder. Man kann hier auch essen. *Tgl. | Via Panfilo Castaldi 24 | Tel. 02 84 25 84 10 | www.bicerinmilano.com | Metro 1 Porta Venezia | Metro 3 Piazza Repubblica*

INSIDERTIPP BLENDERINO
(133 F3) *(🗺 K2)*
Winzige, sehr schöne Bar mit erstklassigen Aperitifs und Cocktails bis spät in die Nacht, ein Highlight in der ziemlich touristischen Ecke beim Corso Como. *Mo geschl. | Piazza XXV Aprile 14 | Metro 2 Moscova*

CANTINE ISOLA (133 D3) *(🗺 H2)*
Kleine Weinhandlung mit Ausschank mitten im Chinesenviertel: Hier lernen junge Mailänder das Weintrinken, eine Institution. *Mo geschl. | Via Paolo Sarpi 30 | Metro 5 Monumentale | Bus 94 | Tram 2, 12*

CERESIO 7 ★ (133 E2) *(🗺 J2)*
Auf dem Dach der ehemaligen Strombehörde fühlt man sich im glamourösen, supercoolen Mailand angekommen: beim Drink zu Tatar- und Sushihäppchen an zwei Pools unterm Sternenhimmel, mit Blick auf den angestrahlten Monumentalfriedhof und die leuchtenden Hochhaustürme an der Porta Nuova. Zur Loungebar gehört auch ein schickes Restaurant. *Tgl. | Viale Ceresio 7 | Tel. 02 31 03 92 21 | www.ceresio7.com | Metro 2 Porta Garibaldi, Moscova | Tram 2, 4*

IL GATTOPARDO CAFÉ (132 C2) *(🗺 G2)*
Auf dem Altar die DJ-Konsolle: Das hätte sich diese Kirche nicht träumen lassen, dass sie mal eine glamouröse Location zu Aperitif und Dance Floor sein würde. Für den Aperitif reservieren *(Tel. 02 34 53 76 99)! Mo geschl. | Via Piero della Francesca 47 | www.ilgattopardocafe.it | Bus 33, 43, 57*

Vom Frühstück bis zum Absacker lockt die Loungebar Living am Parco Sempione die Durstigen

H-CLUB DIANA (135 D4) *(🗺 M3)*
Retroschick und funky ist die angesagte Aperitif-Location in diesem prächtigen alten Liberty-Hotel. Im Sommer öffnen sich die großen Fenster und *la bella gente* zieht mit dem Cocktail in den lauschigen Garten. *So geschl. | Viale Piave 42 | Tel. 02 20 58 08 1 | www.hclub-diana.it | Metro 1 Porta Venezia | Tram 9*

LIVING ● (133 D4) *(🗺 H3)*
Elegante, zugleich gemütliche Loungebar, in der man auch essen kann. Mit Blick

auf den Arco della Pace am Sempione-Park sitzt man im Sommer auch draußen. Reservieren Sie für die Happy Hour mit üppigem Buffet *(Tel. 02 33 10 08 24)*! *Mo geschl. | Piazza Sempione 2 | www.livingmilano.com | Busse 1, 57, 61*

MAG CAFÈ (137 D5) *(M H7)*
Erstklassige originelle Drinks, gute Musik, auch etwas für den kleinen Hunger: die empfehlenswerte Cocktailbar unter den zahllosen Lokalen am Naviglio-Ufer. Und wer seinen Cocktail nur mit der Liebsten schlürfen möchte, kann hier die kleinste Bar Mailands hinter einer Tür gleich nebenan reservieren. *Tgl. | Ripa di Porta Ticinese 43 | Metro 2 Porta Genova*

INSIDER TIPP **MOM CAFÈ**
(139 D3) *(M M6)*
Ein Tipp von Einheimischen: Seit Jahren brummt diese große Bar zur Aperitifstunde und auch danach. Junger Spirit, für alle offen, ein reiches Foodbuffet und auf dem Bürgersteig Trauben von gut gelaunten Leuten. *Ab 18 Uhr | Viale Monte Nero 51 | Tel. 02 59 90 15 62 | Metro 3 Porta Romana | Tram 9*

MORNA (136 C4) *(M G7)*
Im coolen Designerviertel Tortona überrascht diese heißgeliebte Nachbarschaftskneipe. Beim Bier an der Theke kommt man schnell ins Gespräch, oder man schaut den Nachbarn beim Bocciaspielen zu. *So geschl. | Via Tortona 21 | Metro 2 Porta Genova*

NOTTINGHAM FOREST COCKTAIL BAR ★ (135 D6) *(M M4)*
Wer Hitlisten mag: Diese winzige schummrige Kultbar soll zu den 50 besten Cocktailbars der Welt gehören. Jeder der superben Drinks wird als kleines Tischtheater inszeniert: Mal kommt er in einem Sneaker daher, mal drückt man ihn aus einer Zahnpastatube oder schlürft ihn aus einer Minibadewanne. *Mo geschl. | Viale Piave 1 | www.nottingham-forest.com | Metro 1 Palestro | Tram 9*

RITA & COCKTAILS ★ (136 C5) *(M H7)*
In dieser Kneipenbar in einer Seitenstraße der Navigli werden mit ausgesuchten Zutaten außergewöhnliche Drinks gemixt, dazu gute Musik und viel Stammkundschaft – eine angesagte Cocktailbar. *Tgl. | Via Angelo Fumagalli 1 | Metro 2 Porta Genova*

DISKOTHEKEN & CLUBS

Tanzclubs haben meist ab 20 Uhr, Diskotheken ab 22 oder 23 Uhr geöffnet, Ein-

MARCO POLO HIGHLIGHTS

★ Nottingham Forest Cocktail Bar
Glück pur, wenn Sie in dieser kultigen Minibar einen Platz ergattern → S. 73

★ Ceresio 7
Im Sommer Mailands coolste Cocktaillocation → S. 72

★ Teatro alla Scala
Mailands Oper: ein Erlebnis fürs Leben → S. 36

★ Rita & Cocktails
Bei den Navigli gute Cocktails und gute Stimmung → S. 73

★ Piccolo Teatro
Die führende italienische Sprechbühne → S. 75

★ Blue Note
Jeden Abend Jazz live, eine Institution → S. 75

tritt in Discos ab 15 Euro (ein Getränk inklusive). In vielen Diskotheken beginnt der Abend mit Aperitif und Dinner.

BOBINO CLUB (136 B5) (*H F7*)
Am Naviglio: Man kommt zur Happy Hour, zum Essen und bleibt zum Tanzen, zu Hip Hop, Electro und Revival-Abenden, die Stimmung wird noch besser auf den Sommerpartys im Garten. *Do–So | Alzaia Naviglio Grande 116 | Metro 2 Porta Genova | Bus 74, 325 | Tram 2*

BYBLOS (133 D2) (*H H1*)
Eine der schicken, hochpreisigen Diskotheken mit Vip- und Modelauftritten. Loungebereich, Restaurant und Sommerterrasse. *Mo–Mi geschl. | Via Messina 38 | www.byblosmilano.com | Tram 12, 14*

LOW BUDG€T

Im Weinverkauf *La Vineria* **(137 D4)** (**H7**) *(Via Casale 4 | Metro 2 Porta Genova)* beim Naviglio Grande kostet am Gehwegtischchen das Glas 1, die Flasche 5 Euro.

Von Okt. bis Juni können Sie im Rahmen der Konzertreihe ● *Cantatibus Organis* gratis Orgelkonzerte in Mailänder Kirchen erleben.

Ein Abend in der Scala für 20 Euro?! Wenn Sie unter 30 sind, bekommen Sie ein Ticket zur Generalprobe *(anteprima). www.lascalaunder30.org*

Der Blick von der ● Caféterrasse des Kaufhauses *La Rinascente* **(131 D4)** (**K5**) auf den des Nachts beleuchteten Dom ist kostenlos.

JUST CAVALLI CLUB (133 D5) (*H H3*)
Am Fuß des Aussichtsturms Torre Branca im Parco Sempione befindet sich dieser glamouröse Dinner- und Discoclub des Modedesigners Roberto Cavalli. Man sitzt auf Antilopenfell und tanzt unter kühnen Stahl- und Lichtinstallationen, im Sommer auch draußen. *Tgl. | Via Luigi Camoens | milano.cavalliclub.com | Metro 1, 2 Cadorna | Bus 61*

VOLT (133 F3) (*H J2*)
In Sachen Clubbing liegt Mailand derzeit ganz vorn, angesagte Clubs heißen *Dude* und *Wall*. Dieser hier in Brera beeindruckt mit den besten DJ Gigs. Programm auf facebook unter *volt.club.milano*. *Via Alessandro Volta 9 | Metro 2 Moscova*

KINO

Im Zentrum finden Sie alle Uraufführungskinos, außerhalb liegen die riesigen Kinocenter. Karten kosten zwischen 5 und 12 Euro. Ein Treffpunkt der Mailänder Cineasten mit Filmen in Originalfassung, einer eigenen Osteria (Megaschirm für TV-Übertragungen) und Buchhandlung ist das *Cinema Anteo* (133 F3) (*H K2*) *(Via Milazzo 9 | www.spaziocinema.info | Metro 2 Moscova)*.

KONZERTE & OPER

Neben klassischen Konzerthäusern wie dem *Auditorium di Milano* können Sie Konzerte und Chöre auch in Kirchen wie der *Chiesa Protestante, Santa Maria della Passione, San Marco* oder INSIDER TIPP *San Maurizio al Monastero Maggiore* (sehr stimmungsvoll!) erleben *(www.lacappellamusicale.com)*. Im *Conservatorio* finden die Kammermusikkonzerte des Quartetto di Milano *(www.quartettomilano.it)* statt. Das derzeit wohl angesehenste Sinfonieorchester, das *Orchestra Verdi (www.laverdi.org)*, spielt meist im *Auditorium di Milano* (137 E6) *(🕮 J8) (16–42 Euro, bei Sonderkonzerten auch mehr | Largo Gustav Mahler | Tram 3, 9 | Bus 59, 71)*. Im modernen *Teatro degli Arcimboldi* (0) *(🕮 0) (Viale dell'Innovazione 20 | teatroarcimboldi.it | S 9 Greco Pirelli)* im ehemaligen Industriegebiet Bicocca treten italienische und internationale Popstars auf.

TEATRO ALLA SCALA ★
(131 D2–3) *(🕮 K4)*
Den neoklassizistischen Tempel der Opernmusik hat Mario Botta renoviert und umgebaut. Karten (zwischen 20 und 250 Euro) bestellt man übers Internet *(www.teatroallascala.org)*. An der *Vorverkaufskasse (tgl. 12–18 Uhr | im ersten Tiefgeschoss der Metrostation Duomo | Galleria del Sagrato)* gibt es auch Last-Minute-Tickets. Die Abendkasse *(Via Filodrammatici 2 | Tel. 02 72 00 37 44)* öffnet 2,5 Std. vor Vorstellungsbeginn.

LIVEMUSIK & JAZZ

Der Eintritt beträgt je nach Veranstaltung (Beginn meist 21.30 oder 22 Uhr) ab 10 Euro.

ALCATRAZ (133 E1) *(🕮 J1)*
Mehrere Tausend Leute passen hier rein. Die kommen wegen der Livekonzerte und wollen nicht enttäuscht werden: Dreimal die Woche – Di, Mi, Do – trägt die potente Soundanlage internationale Underground-Gruppen. Disco Fr und Sa. *Via Valtellina 21 | www.alcatrazmilano.com | Tram 3*

BLUE NOTE ★ (133 F1) *(🕮 K1)*
In diesem Jazzclub mit Restaurant im Viertel Isola treten nationale und internationale Jazzgrößen auf; beliebt ist auch der Sonntagsbrunch zu Livemusik *(reservieren! Tel. 02 69 01 68 88). Tgl. | Via Pietro Borsieri 37 | www.bluenotemilano.com | Metro 2, 3 Porta Garibaldi, Zara*

CIRCOLO MAGNOLIA (0) *(🕮 0)*
Mitte Mai geht es unter den Sternenhimmel im großen Stadtpark Idroscalo im Vorort Segrate zu Livekonzerten: Jeden Abend herrscht Festivalstimmung – zu niedrigen Preisen. Bis zum Morgengrauen gibt es zu trinken und zu essen. *Via Circonvallazione Idroscalo 41 | www.circolomagnolia.it | Nachtzug LIN von Porta Venezia bis Parco Idroscalo | Bus 73*

INSIDER TIPP **NIDABA THEATRE**
(137 D5) *(🕮 H7)*
Kleiner, immer voller Musikclub mit allabendlichen Liveauftritten (Blues, Soul, Rockabilly, Jazz, Country, Folk), exzellentem Bier, guter Stimmung. *So/Mo geschl. | Via Emilio Gola 12 | www.nidaba.it | Tram 3*

THEATER

Achten Sie auf Inszenierungen im *Teatro dell'Elfo Puccini (www.elfo.org)* und im interessanten Kulturzentrum *Teatro Franco Parenti (www.teatrofrancoparenti.it)*. Experimentelle Darstellungsformen finden im *Teatro dell'Arte (im Triennale Design Museum | www.triennale.org/teatro)* ihr Spielfeld. Klassisches Ballett mit einem eigenen Tanzensemble gibt es im *Teatro di Milano (www.teatrodimilano.it)*.

PICCOLO TEATRO ★
Das führende Sprechtheater Italiens, von Paolo Grassi und Giorgio Strehler 1947 gegründet. Heute finden hier auch Jazzkonzerte statt. Gespielt wird an drei Stätten: (130 C3) *(🕮 J4) Via Rovello 2 | Metro 1 Cairoli;* (130 C1) *(🕮 J3) Via Rivoli 6 | Metro 2 Lanza;* (130 B1) *(🕮 J3) Largo Antonio Greppi 1 | Metro 2 Lanza | alle Tel. 02 42 41 18 89 | www.piccoloteatro.org | Karten 22–40 Euro*

ÜBERNACHTEN

Natürlich hat Mailand eine ganze Reihe wunderbarer Luxushotels, prachtvoll-gediegen oder supermodern gestylt, die kaum Wünsche offen lassen. Wer nicht in ihnen wohnt, kann zum Happy-Hour-Aperitif vieler großer Edelhotels am Luxusleben teilnehmen oder als externer Gast ihre tollen Wellnessbereiche nutzen.

Da Business, Mode und Messen die Preise hochtreiben kommt es vor allem auf geschickte Terminwahl an und auf die Buchung über eines der einschlägigen Internetportale. Ein gutes Mittelklassehotel, das zum Messetermin erst ab 300 Euro zu haben ist, können Sie an ruhigen Tagen oder am Wochenende unter Umständen schon für unter 100 Euro buchen – die Preisunterschiede sind enorm.

Alternativen sind Apartmenthotels und die vielen Bed-&-Breakfast-Angebote (z. B. über *www.bed-and-breakfast.it/de/mailand* oder *www.bbitalia.it/de/bed-breakfast-milano.info* sowie über *www.airbnb.it);* die Preise beginnen bei 60 Euro fürs Doppelzimmer mit Frühstück. Außerdem gibt es ein paar coole, nette Hostels, in denen man sich auch zum Essen und Musikhören trifft.

Auf jede Übernachtung wird eine City Tax erhoben, eine Übernachtungssteuer, je nach Kategorie von 2 bis 5 Euro pro Person. WLAN gibt es in praktisch allen Hotels, mittlerweile in den meisten gratis. Im Zentrum gestaltet sich auch das Parken sehr schwierig; unter 25 Euro pro Tag werden Sie kaum eine Parkmöglichkeit finden.

 Bild: Hotel Nhow

Charmante Boutiqueherbergen, coole Designhotels und lässige Hostels: Schöner Wohnen auf dem Citytrip

HOTELS €€€

ANTICA LOCANDA DEI MERCANTI ★ (130 C3) (*🗺 J4*)
In 5 Minuten sind Sie zu Fuß am Kastell, in 3 Minuten in Brera. Durch die großen Fenster des eleganten Altbaus fällt viel Licht in die großzügigen, geschmackvollen Zimmer und Suiten. Vier davon haben sogar private Terrassen, auf denen Sie Ihr Frühstück zwischen duftendem Jasmin und blühenden Rosen genießen. Eine zauberhafte Oase mitten in der City. *15 Zi. | Via San Tomaso 6 | Tel. 028054080 | www.locanda.it | Metro 1 Cordusio*

BULGARI ★ (131 D2) (*🗺 K4*)
Luxus pur im Luxusviertel Quadrilatero, wie von dem Juwelierbrand nicht anders zu erwarten, nur ungemein sinnlich: Die wunderbaren Materialien und ihre natürlichen Farbnuancen sind unwiderstehlich, man möchte über den afrikanischen Marmor und über die Edelhölzer aus aller Welt streichen. In der Open-Air-

Ein Fall für designverliebte Puristen: Suite im Hotel Straf

Lounge im zauberhaften Garten genießt man seinen Cocktail. Und auf goldschimmerndem Mosaik glitzert das Poolwasser eins der schönsten Hammams der Stadt. *58 Zi. | Via Fratelli Gabba 7b | Tel. 02 80 58 05 1 | www.bulgarihotels.com | Metro 3 Monte Napoleone | ab 550 Euro*

STARHOTEL E.C.HO.
(134 C2) *(M1)*
Komfortables, modernes Hotel mit gutem Service direkt am Hauptbahnhof, bei Business- wie Pleasure-Reisenden gleichmaßen beliebt. Zu den Energiesparmaßnahmen und umweltfreundlichen Materialien passt die frische Bioküche im Restaurant. Günstige Internetpreise! *143 Zi. | Via Andrea Doria 4 | Tel. 0 26 78 91 | www.starhotels.com | Metro 2, 3 Centrale*

ENTERPRISE (132 B1–2) *(F1)*
Ein besonders gelungenes Cityhotel: mit viel schickem Design und dennoch behaglich, Oberklasse und dennoch extrem günstige Wochenendpreise. Das toppen der superbe Spabereich mit Panoramablick, die Aperitifstunde und das gute Restaurant. Hier fühlt man sich in Mailand angekommen. *123 Zi. | Corso Sempione 91 | Tel. 02 31 81 81 | www.enterprisehotel.com | Tram 1 | Bus 14*

MILANO SCALA (130 C2) *(J–K4)*
In den Suiten von stylischer Eleganz wird man mit Musik und Szenenbildern auf den Opernabend in La Scala eingestimmt. Auf der Dachterrasse gibt's den Aperitif zur Ouverture und den Cocktail fürs Nachspiel. Bei allem Komfort legt das Hotel viel Wert auf energiesparende Technologien. *62 Zi. | Via dell'Orso 7 | Tel. 02 87 09 61 | www.hotelmilanoscala.it | Metro 1 Cairoli | Metro 3 Montenapoleone*

PRINCIPE DI SAVOIA ★
(134 B3) *(L2)*
In diesem königlichen Grand Hotel sind die Queen, Madonna und George Clooney abgestiegen. Der imposante klassi-

zistische Bau thront am Innenstadtring auf einer kleinen grünen Anhöhe. Alles ist von eleganter Behaglichkeit, jeder Wunsch wird von den Augen abgelesen, und im bestens ausgestatteten Spabereich lässt man sich verwöhnen. *301 Zi. | Piazza della Repubblica 17 | Tel. 0 26 23 01 | www.dorchestercollection.com | Metro 3 Repubblica*

STRAF HOTEL & BAR (131 D3) *(🗺 K5)*
Minimalistisches Design mit nackten Betonwänden und schlichten Möbeln – für Fans des hippen Purismus. Im sechsten Stock Zimmer mit privatem Minispa. Außerdem INSIDER TIPP beliebter Aperitiftreff mit DJ-Set, und das Ganze nur 50 m vom Domplatz entfernt. *64 Zi. | Via San Raffaele 3 | Tel. 02 80 50 81 | www.straf.it | Metro 1, 3 Duomo*

HOTELS €€

MAISON BORELLA (137 D4) *(🗺 H7)*
In diesem geschmackvollen Boutiquehotel mit französischem Flair wohnen Sie direkt am Naviglio inmitten der malerischen Mailänder Ausgehmeile. An der oberen Grenze der Preisgruppe. Im Erdgeschoss befindet sich das empfehlenswerte Restaurant *Turbigo. 24 Zi. | Alzaia Naviglio Grande 8 | Tel. 02 58 10 91 14 | www.hotelmaisonborella.com | Metro 2 Porta Genova*

BRERA APARTMENTS
30 Apartments im Zentrum, davon die meisten in Brera und um den Corso Garibaldi, großzügig, gut ausgestattet und von urbanem Chic. *Tel. 02 36 55 62 84 | www.brerapartments.com*

ANTICA LOCANDA LEONARDO (132 C6) *(🗺 H5)*
Das hübsche Boutiquehotel von gemütlicher Eleganz und mit kleinem Garten liegt nur ein paar Schritte von Leonardos „Abendmahl" entfernt. *16 Zi. | Corso Magenta 78 | Tel. 02 48 01 41 97 | www.anticalocandaleonardo.com | Metro 1 Conciliazione | Tram 16, 20 | Bus 60*

UNA HOTEL MEDITERRANEO (139 D4) *(🗺 M7)*
Die Una-Kette betreibt auch ein empfehlenswertes, vor allem im Innern angenehm zeitgenössisch gestyltes Haus beim lebendigen Innenstadtviertel Porta Romana. *93 Zi. | Via Lodovico Muratori 14 | Tel. 02 55 00 71 | www.unahotels.it | Metro 3 Porta Romana*

HOTEL NAPOLEON (135 E3) *(🗺 N2)*
Die Lage an einer ruhigen, eleganten Seitenstraße der lebhaften Shoppingmeile Corso Buenos Aires ist ideal, genauso wie der besonders reizvolle Spaziergang von hier in den Stadtkern. Im Innern des schönen Altbaus ist alles frisch und recht stylisch. Ein angenehmes Hotel für den Citytrip. Gutes Preis-Leistungs-Verhältnis. *40 Zi. | Via Federi-*

MARCO POLO HIGHLIGHTS

★ **Ostello Bello**
Innenstadttreff für Backpacker und Musikliebhaber → S. 82

★ **Principe di Savoia**
Das königliche Prachthotel residiert ausgerechnet am Platz der Republik → S. 78

★ **Bulgari**
Das Schmuckstück: Luxus pur mit edelsten Materialien → S. 77

★ **Antica Locanda dei Mercanti**
Kleines Haus voller Atmosphäre → S. 77

co Ozanam 12 | Tel. 02 29 52 03 66 | www.hotelnapoleonmilano.com | Metro 1 Lima

B&B DI PORTA TOSA (0) *(🕮 O5)*
Sie wohnen wie die meisten Mailänder nicht im Stadtkern, sondern in einer Wohngegend im Osten mit Bus und Tram vor der Haustür. Alles in dieser sorgfältig renovierten Altbauwohnung ist mit viel Geschmack ausgesucht, die Stoffe, die ausgefallenen Vintagemöbel. Dazu werden Sie mit einem erstklassigen Frühstück verwöhnt. An der unteren Grenze

NUR NICHT (VER)SCHLAFEN

Pracht im Geiste Verdis
Nach den triumphalen Uraufführungen seiner Opern im Theater La Scala begleitete das begeisterte Publikum Giuseppe Verdi (1813–1901) zurück ins *Grand Hotel et de Milan* **(131 E3)** ***(🕮 K4)*** *(95 Zi. | Via Alessandro Manzoni 29 | Tel. 02 72 31 41 | www.grandhoteletdemilan.it | Metro 3 Monte Napoleone |* ***€€€****)*. Hier stieg Italiens berühmtester Opernkomponist nach getaner Arbeit ab. Einmal über die Schwelle betritt man ein anderes Jahrhundert: Wer in den schönen Stilmöbeln, teils Art déco und Jugendstil, schon gesessen und geschlafen haben mag. Auch das ungemein zuvorkommende Personal scheint aus einer anderen Zeit. Ganz up to date sind Komfort und Technologie.

Auf schrägen Sesseln
Lustvoller Farben- und Formenflow: Stararchitekt Matteo Thun hat aus dem ehemaligen Industriekomplex im Kreativenviertel Tortona eine zeitgenössische Großstadtherberge kreiert. Man betritt das *Nhow Hotel* **(136 C4)** ***(🕮 F7)*** *(249 Zi. | Via Tortona 35 | Tel. 0 24 89 88 61 | www.nh-hotels.it | Metro 2 Porta Genova |* ***€€–€€€****)* und fühlt sich wie in einem Showroom für Designermöbel. Die junge anspruchsvolle Citytrip-Klientel weiß das zu schätzen, wie auch die Großzügigkeit der Zimmer und das überreiche Frühstücksbuffet.

Normal & nett
Mal kein supercooler Designspot, sondern ein freundlich geführtes Familienhotel mit gepflegten behaglichen Zimmern zum Wohlfühlen, das ist das *Sanpi* **(134 C4)** ***(🕮 M3)*** *(79 Zi. | Via Lazzaro Palazzi 18 | Tel. 02 29 51 33 41 | www.hotelsanpimilano.it | Metro 1 Porta Venezia |* ***€€****)*. An der Rezeption spricht man Deutsch, gefrühstückt wird italienisch und im kleinen grünen Innenhof kann man sich vom Pflastertreten erholen. Morgens geht es zum Joggen in die nahen Giardini Pubblici.

Gesund schlafen
Hier schlafen Sie gesund und mit gutem Gewissen. In dem kleinen hübschen *Bio City Hotel* **(0)** ***(🕮 0)*** *(17 Zi. | Via Edolo 18 | Tel. 02 66 70 35 95 | www.biocityhotel.it | Metro 3 Sondrio | Bus 43 |* ***€–€€****)* in einem Wohnviertel hinterm Hauptbahnhof passt jedes Detail ins umweltfreundliche Konzept, wie Bau- und Möbelmaterialien, die Stoffe, die Farben, die Energieversorgung und Reinigungsmittel. Und natürlich das gute frische Frühstück. Auch Allergiker können hier aufatmen.

der Preisklasse. *4 Zi. | Via Annibale Graselli 11 | Tel. 3476493572 | www.portatosa.it | S-Bahn Porta Vittoria | Bus 45 | Tram 27*

ANTICA LOCANDA SOLFERINO
(133 F3–4) *(🗺 K3)*
Kleines, altmodisches und unter Stammgästen beliebtes Hotel voller Atmosphäre im ehemaligen Künstlerviertel Brera – oft lange im Voraus ausgebucht. *11 Zi. | Via Castelfidardo 2 | Tel. 026570129 | www.anticalocandasolferino.it | Metro 2, 3 Moscova, Repubblica*

UNA HOTEL TOCQ
(133 F2–3) *(🗺 J–K2)*
Kleineres Haus der jungen Una-Kette nahe der Ausgeh- und Einkaufsmeile Corso Como und der neuen Hochhausenklave Porta Nuova gelegen. Große Schwankung zwischen Messe- und Normalpreisen. *122 Zi. | Via Alessio di Tocqueville 7d | Tel. 02622071 | www.unahotels.it | Metro 2 Porta Garibaldi*

HOTELS €

ACCA PALACE (0) *(🗺 0)*
In einem nordwestlichen, ruhigen Außenbezirk mit naher U-Bahn-Station. Gut für Reisende mit Auto, denn das Hotel hat einen eigenen Parkplatz. Frische, großzügige Räume (mit Kochnische), gutes Preis-Leistungs-Verhältnis. *44 Zi. | Via Giovanni Nicotera 9 | Tel. 0264662239 | www.accapalace.com | Metro 3 Affori Centro*

CESENA 5 (0) *(🗺 G1)*
Mit seinen sechs stilvollen, sehr gepflegten Zimmern ist es eher ein kleines Hotel als ein B & B. Freundliche Betreiberin, ruhige Wohnlage im nordwestlichen Stadtteil Ghisolfa, gut mit öffentlichen Verkehrsmitteln erreichbar. *Via Cesena 5 | Tel. 3353884 17 | www.cesena5.com | Metro 2 Lanza | Tram 12*

Alterslos exquisit: Verdis Lieblingshotel Grand Hotel et de Milan

B & B COCOON (136 C4) *(🗺 G6)*
Drei schöne Zimmer im angesagten Viertel Tortona nahe bei den Navigli – ideal für den romantischen Stadtbesuch zu zweit. *Via Voghera 7 | Tel. 0283227 69 | www.cocoonbb.com | Metro 2 Porta Genova*

DELIZIA (139 F1) *(🗺 O5)*
Ein schlichtes, nettes, preisgünstiges Hotelchen in einer ruhigen, gepflegten Wohngegend unweit vom Stadtzentrum – was will man mehr. *14 Zi. | Via Archimede 86–88 | Tel. 02740544 | www.hoteldelizia.com | Bus 54, 92*

ESCO (134 C2) *(🗺 M2)*
Aus einigen Zimmern dieser kleinen Etagenherberge schaut man auf den wuch-

tigen Bahnhof. Zur modernen Frische tragen die jungen freundlichen Betreiber bei sowie lustige Designideen. *10 Zi. | Via Antonio da Recanate 2 | Tel. 02 83 43 96 30 | www.hotelesco.it | Metro 2, 3 Stazione Centrale | Bus 60 | Tram 5, 9*

GIOIA HOUSE (135 D4) *(🕮 M3)*
Nahe der Shoppingmeile Corso Buenos Aires findet sich dieses besonders ansprechende Guesthouse mit kleinen und größeren Zimmern, drei davon teilen sich ein Bad. Zum Frühstück gibt es köstliche, selbstgebackene Kuchen der Gastgeberin. *6 Zi. | Via Lazzaro Spallanzani 6 | Tel. 02 83 42 01 50 | www.gioiahouse.com | Metro 1 Porta Venezia*

LOW BUDG€T

Das *Ostello Bello* hat einen Ableger in Bahnhofsnähe, mit 198 Betten in 2er- bis 6er-Zimmern, *Ostello Bello Grande* **(134 C2)** ***(🕮 M2)*** *(ab 38 Euro | Via Roberto Lepetit 33 | Tel. 0 26 70 59 21 | www.ostellobello.com | Metro 2, 3 Stazione Centrale)* genannt. Trotz der Größe auf 6 Etagen nett, locker und sauber.

Früher Kaserne, jetzt das im Industrial Style gestaltete INSIDER TIPP *Madama Hostel* **(139 D6)** ***(🕮 N8)*** *(60 Betten in 2er- bis 6er-Zimmern | Via Benaco 1 | Tel. 02 36 72 73 70 | www.madamahostel.com | Metro 3 Lodi Tibb | Bus 65)*: ein cooler Treff mit Bistrot und Musikclub nahe der Kunststiftung Fondazione Prada.

Auf dem Webportal *it.hostelbookers.com/ostelli/italia/milano* finden Sie weitere Low-Budget-Unterkünfte.

LOVELY GAZEBO (0) *(🕮 0)*
So nennt die Besitzerin ihr hübsches Einzimmerapartment mit begrünter Terrassenlaube im Nordosten, das sie als Zuhause auf Zeit tage- oder wochenweise vermietet. *Via Martiri Oscuri 22 | Tel. 3 49 85 30 10 | www.myapartmentinmilan.com | Metro 1 Rovereto | Tram 1*

MILANO NAVIGLI (137 E4) *(🕮 J7)*
Zwar über McDonald's, dafür ein ansprechendes, modernes Cityhotel in phantastischer Lage nahe der Porta Ticinese mit Blick auf die Piazza XXIV Maggio mit der Darsena, dem Navigli-Hafen. An der oberen Grenze der Preisgruppe. *22 Zi. | Piazza Sant'Eustorgio 2 | Tel. 02 36 55 37 51 | www.hotelmilanonavigli.it | Tram 3, 9*

OSTELLO BELLO ★ (130 B5) *(🕮 J5)*
Tatsächlich hat es diesen Namen, das „schöne Hostel", verdient: in einer Seitengasse der zentralen Shoppingmeile Via Torino gelegen, entspannte, gemütliche Atmosphäre, leckeres Essen, freies WLAN und Livekonzerte am Dienstag- und Mittwochabend. *10 Zi. | Via Medici 4 | Tel. 02 36 58 27 20 | www.ostellobello.com | Tram 2, 3*

LA RESIDENZA (0) *(🕮 0)*
Im Norden Mailands, darf sich dieses Hotel zu den „Ecoworldhotels" zählen – es gibt sogar eine Suite nach Feng-Shui-Kriterien sowie zum Frühstück Bioprodukte. *60 Zi. | Via Vittorio Scialoia 3 | Tel. 0 26 46 16 46 | www.residenzahotel.it | Metro 3 Affori Centro*

SAN FRANCISCO (135 F2) *(🕮 O1)*
Hier stimmt vieles für den günstigen Preis: Uninähe, freundliche Atmosphäre, gepflegte, frische Zimmer. *31 Zi. | Viale*

Wellnessoase der Extraklasse: Das Spa im Bulgari Hotel steht auch externen Gästen offen

Lombardia 55 | Tel. 02 23 61 00 09 | www.hotel-sanfrancisco.it | Metro 1, 2 Loreto

VIETNAMONAMOUR (135 F3) (*🗺 O2*)
Eine Vietnamesin und ein Mailänder haben diese zauberhafte Oase in einem ruhigen Wohnviertel geschaffen – mit vier B-&-B-Räumen und einem vietnamesischen Restaurant mit Garten. Die mit Intarsien geschmückten Holzmöbel, die Seidenstoffe, alles ist Handarbeit aus Vietnam. *Via Alessandro Pestalozza 7 | Tel. 02 70 63 46 14 | www.vietnamonamour.com | Metro 2 Piola*

EINFACH MAL AUSZEITEN

Sich mit Stil verwöhnen lassen? Das geht in den wunderbaren Spas der Edelhotels, die sich externen Gästen öffnen: So im *Bulgari* (s. S. 77). Eine tolle Aussicht hat man aus der *Spa Terme di Kyoto* des Hotels *Enterprise* (s. S. 78). Futuristisch mutet die Spa des *Boscolo Milano* **(131 E3)** (*🗺* **K4**) *(Corso Giacomo Matteotti 4–6 | Tel. 02 77 67 96 10 | milano.boscolohotels.com | Metro 1 San Babila)* an. Beautybehandlungen, Massagen, Thermalbecken, die Sauna in einer Oldtimertram und einen Garten vor der Kulisse der alten Stadtmauer an der Porta Romana, außerdem tgl. Aperitif mit frischem Buffet sowie sonntags ein Frühstücksbuffet für Frühaufsteher: All das bietet ● *QC Terme Milano* **(138 C4)** (*🗺* **L7**) *(tgl. 9.30–24 Uhr | Piazzale Medaglie d'Oro 2 | www.termemilano.com | Metro 3 Porta Romana).* Ein Lifestylemanager (ab 50 Euro ...) öffnet den Zugang zum *Armani Spa* **(131 E2)** (*🗺* **K4**) *(Via Alessandro Manzoni 31 | Tel. 02 88 83 88 60 | Metro 3 Monte Napoleone)* in eleganten Braun-, Graphit-, Schwarz- und Sandtönen. Auf 1000 m² verteilen sich mit grandiosem Blick über die ganze Stadt Pool, Sauna, ein türkisches Dampfbad und Fitnessgeräte.

ERLEBNISTOUREN

1 MAILAND PERFEKT IM ÜBERBLICK

START: ① Galleria Vittorio Emanuele II
ZIEL: ⑭ Navigli

Strecke:
 knapp 10 km

1 Tag
reine Gehzeit
2½–3 Stunden

KOSTEN: Eintritte 45 Euro, Metroticket 1,50 Euro

ACHTUNG: Da die Besichtigung des „Abendmahls" nur nach Anmeldung möglich ist, organisieren Sie Ihren Tag nach dem Termin. Hier liegt er am Vormittag.
Montags sind die meisten Museen geschlossen.

Auf dieser ausgedehnten Tour durchs Zentrum lernen Sie die schönsten Seiten von Mailand an einem erlebnisreichen Tag kennen. Die Entfernungen im Zentrum sind kurz – Sie können im Prinzip alles zu Fuß erreichen. Aber bei Bedarf ist die nächste Haltestelle oder ein Taxistand nie weit.

Sie wollen die einzigartigen Facetten dieser Stadt entdecken? Dann sind die Erlebnistouren genau das Richtige für Sie – tolle Tipps für lohnende Stopps, atemberaubende Orte, ausgewählte Restaurants oder typische Aktivitäten. Noch einfacher wird es mit der Touren-App: Laden Sie sich die Tour mit Karte und Tourenverlauf über den QR-Code auf Seite 2/3 oder über die Webadresse in der Fußzeile auf Ihr Smartphone – damit haben Sie auch offline immer die perfekte Orientierung.

TOUREN-APP

→ S. 2/3

09:00 Unter dem Eingangsbogen der prachtvollen Einkaufspassage **1 Galleria Vittorio Emanuele II → S. 35** sitzen Sie bei Cappuccino und duftendem *cornetto* im legendären **Camparino in Galleria → S. 52**, den weitläufigen Domplatz im Blick.

09:45 **Durch die Galleria spazieren Sie nun auf die Piazza della Scala** mit dem weltberühmten **2 Operntheater → S. 36, 75**. Hier befinden sich auch das prächtige Rathaus Palazzo Marino und die Kunstsammlungen

1 Galleria Vittorio Emanuele II

2 Operntheater

Bild: Porta Nuova mit Garibaldi Tower

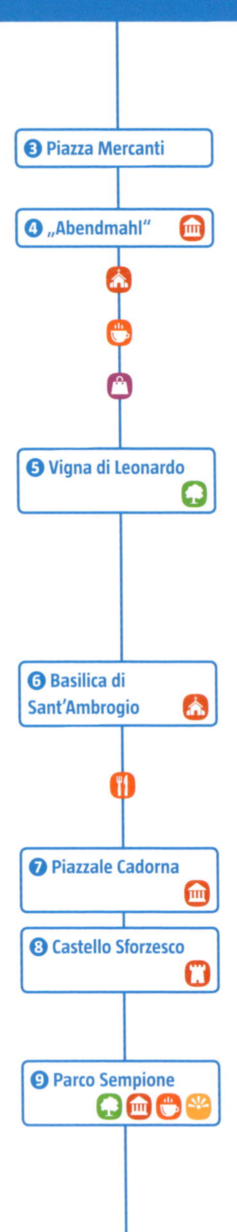

Gallerie d'Italia, die Sie sich aber besser für einen anderen Tag vornehmen. **Vor der Oper nehmen Sie nun links die Via Santa Margherita,** die Sie zur stimmungsvollen mittelalterlichen **3 Piazza Mercanti → S. 36** führt. **Von der Piazza Cordusio geht es ein kleines Stück die Via Dante hinauf, dann links in die Via Meravigli, die in der Verlängerung zum Corso Magenta wird.** Bis zum **4 „Abendmahl" → S. 42** im Refektorium neben der eindrucksvollen Kirche **Santa Maria delle Grazie** ist es etwa 1 km, vorbei an stattlichen Palazzi und an der Traditionskonditorei **Pasticceria Marchesi → S. 42**, z. B. für ein zweites süßes Frühstück. Für Abbildungen vom „Abendmahl" gibt es nur eine Adresse, die Papierhandlung INSIDER TIPP **Ruffini 50 m links vom Kircheneingang.** Eine Entdeckung **auf der gegenüberliegenden Seite des Corso Magenta** ist die **5** INSIDER TIPP **Vigna di Leonardo**: Leonardo da Vinci soll hier im zauberhaften Garten der ebenso zauberhaften **Casa degli Antellani** *(tgl. 9–18 Uhr | 10 Euro | Corso Magenta 65)* einen Weingarten besessen haben.

12:30 **Nach der Besichtigung geht es gegenüber über die Via Bernardino Zenale und die Via San Vittore vorbei am Wissenschaftsmuseum** zu Mailands sakralem Herzen, der uralten **6 Basilica di Sant'Ambrogio → S. 44**, die Sie heute nur von außen bewundern können, da sie in den Mittagsstunden geschlossen ist. Die Uni liegt um die Ecke, entsprechend studentisch-lebendig ist die Umgebung voller netter Imbissbars für den Mittagssnack.

13:30 **Durch die Via Terraggio, über den Corso Magenta hinweg und weiter über den 7 Piazzale Cadorna** mit Claes Oldenburgs riesiger Pop-Art-Skulptur – eine Nadel mit Faden – haben Sie in einer Viertelstunde die gewaltige Burganlage **8 Castello Sforzesco → S. 38** erreicht. Wer die Füße noch eine bisschen schonen will, nimmt stattdessen an der Ecke Viale Carducci/Piazza Sant'Ambrogio den 50er-Bus und steigt nach vier Haltestellen an der Piazza Cairoli vor der Burg aus. Hinter der Burg erstreckt sich der schöne **9 Parco Sempione → S. 40** – zum Spazierengehen, aber auch mit ein paar Sehenswürdigkeiten: **Hält man sich südwestlich,** gelangt man zum **Triennale Design Museum → S. 41**, einem Muss in der Designstadt – selbst in dessen Café, ideal für die nächste Pause, sitzen Sie auf Designerstühlen. Für den besten Überblick auf die Stadt geht es anschließend per Aufzug auf den Aussichtsturm **Torre Branca → S. 41** neben dem Museum.

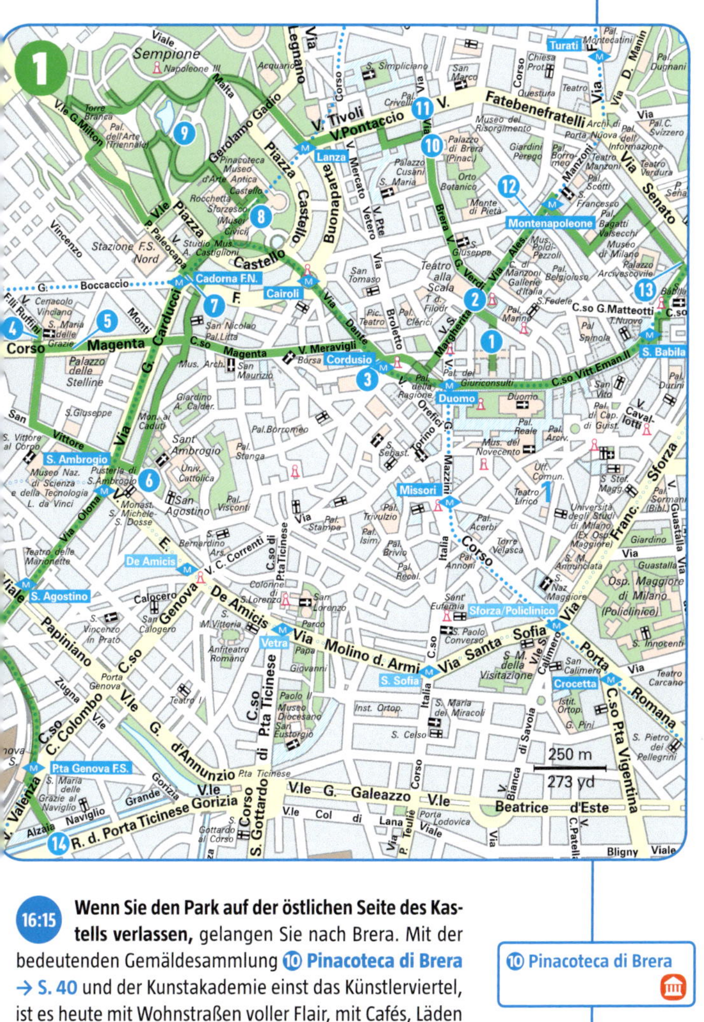

16:15 **Wenn Sie den Park auf der östlichen Seite des Kastells verlassen,** gelangen Sie nach Brera. Mit der bedeutenden Gemäldesammlung **⑩ Pinacoteca di Brera** **→ S. 40** und der Kunstakademie einst das Künstlerviertel, ist es heute mit Wohnstraßen voller Flair, mit Cafés, Läden und Kunstgalerien eines der angenehmsten Innenstadtviertel. Die Traditionsbar **⑪ Jamaica** *(Via Brera 32)* erinnert mit ihren Fotos an die Boheme von einst.

18:15 Der frühe Abend gilt dem berühmten Modeviertel **⑫ Quadrilatero** **→ S. 60**. **Sie erreichen es in wenigen Schritten über die Via Brera, Via Verdi und Via Manzoni**. Nach dem Streifzug über Via Monte Na-

⑩ Pinacoteca di Brera

⑪ Jamaica

⑫ Quadrilatero

poleone und Via della Spiga ist es Zeit für den Aperitif – Höhepunkt im Tagesablauf der Stadt. Ihn nehmen Sie glamourös in der ⑬ **Bar Martini** im Flagshipstore von Dolce & Gabbana am Corso Venezia 15 ein. Anschließend empfehlen sich nicht nur für einen lauen Sommerabend die Lokale, die malerisch an den ⑭ **Navigli** **→ S. 45** genannten Kanälen liegen. **Sie erreichen sie mit der Metro.**

⑬ Bar Martini

METRO 1 BIS CARDONA, DANN METRO 2 BIS PORTA GENOVA

⑭ Navigli

STADTGESCHICHTE, KULINARISCHE KÖSTLICHKEITEN UND EIN MARMORNER „STINKEFINGER“

START: ① Piazza del Duomo ZIEL: ⑪ Santa Maria della Stella	ca. 3 Stunden reine Gehzeit 45 Minuten–1 Stunde
Strecke: knapp 3 km	

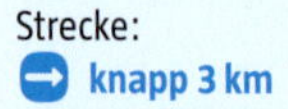

KOSTEN: Keine Eintrittskosten, das Museum erbittet jedoch eine Spende.

ACHTUNG: Sonntags haben die meisten Geschäfte geschlossen und ② San Satiro ist erst nachmittags geöffnet, das Museum ist Di–Sa 10.30–18.30 Uhr geöffnet, ⑥ San Sepolcro nur Mo–Fr 12–14.30 Uhr.

Der Bummel durch das ehemalige Adelsviertel südwestlich der Piazza Duomo bis zum Ende des Corso Magenta führt zu interessanten Zeugnissen der Stadtgeschichte, an besinnliche und spirituelle Orte und zu einigen der besten Food-Adressen der Stadt. All das ist oft versteckt in Seitengassen und doch nur wenige Schritte entfernt von den großen Sehenswürdigkeiten und Touristenpfaden.

① Piazza del Duomo

② Santa Maria presso San Satiro

Von der ① Piazza del Duomo biegen Sie in die lebhafte Einkaufsstraße Via Torino ein, die das frühere Adelsviertel der Stadt durchschneidet. Im Zweiten Weltkrieg sind hier viele Paläste zerstört worden. Zum Glück haben die Bomben die Kirche ② **Santa Maria presso San Satiro** verschont. Bilderschänder hatten im 15. Jh. ein Marienfresko mit Steinen beworfen. Daraufhin sollen sich auf dem Antlitz der Madonna deutliche Blutspuren gezeigt haben. Herzog Gian Galeazzo Sforza ordnete den Bau einer Kirche für das Bild an. Im kleinen Inneren hat Bramante mit Hilfe eines optischen Tricks eine virtuelle Apsis für das Wunderbild der verletzten Maria geschaffen, die staunen macht.

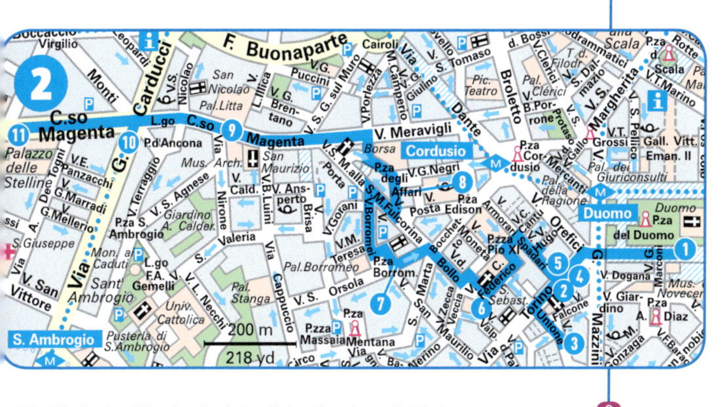

Die Via Torino bietet mit vielen Schaufenstern Einblicke in die Konsumwelt; aber auch andere Einblicke sind möglich: **Gleich links hinter San Satiro geht die Via Unione (ehemals Contrada dei Nobili) ab,** deren noble Vergangenheit nur noch bei der Hausnummer 5 im **3 Palazzo Erba-Odescalchi** mit seinem arkadengesäumten Hof zu erahnen ist. Gegenüber in der Via Unione 6 entdeckt man einen alten, weiß gekachelten Milchladen aus den 1950er-Jahren, die **Vecchia Latteria** *(So und abends geschl. | Tel. 02 87 44 01 | €–€€)* mit vegetarischer Küche; beliebt ist die INSIDER TIPP saftige *parmigiana*, der Käse-Auberginen-Auflauf.

Apropos gutes Essen: In den Gassen nordwestlich der Via Torino tut sich ein regelrechtes Delikatessenviertel auf. **Gehen Sie, nun wieder auf der Via Torino, nur ein paar Schritte zurück Richtung Domplatz, duften zur Rechten in der Via Speronari 6** die knusprigen Focacce der Bäckerei **4 Princi**, mit Gemüse, Käse und Kräutern gewürzte, ofenfrische Teigstücke. Wunderbare Delikatessenläden – Schlaraffenland und Augenschmaus zugleich – finden sich jenseits der Via Torino in der von eleganten Libertyfassaden flankierten **5 Via Spadari**. Das beginnt bei Nr. 4 mit der **Pescheria Spadari**, einem Fischladen samt Imbiss. Bunte Macarons schmücken die Auslagen von **Ladurée** (Nr. 6), alle nur erdenklichen getrockneten Früchte und Nüsse importiert seit über 100 Jahren **Noberasco** (Nr. 8) und auf der gegenüberliegenden Straßenseite (Nr. 9) erstrecken sich die Schaufenster von **Peck** → S. 64, seit 1883 *der* Feinkostladen der Mailänder, mit Restaurant und Café.

Über die Piazza Pio XI nähern Sie sich nun der Pinacoteca Ambrosiana, in deren Rücken die Kirche **6 San**

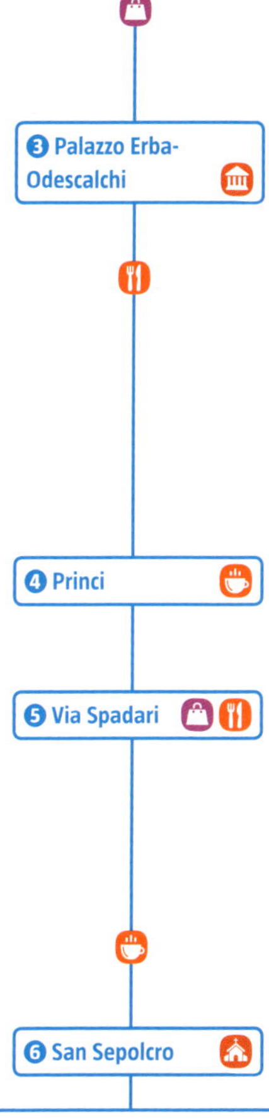

Ein Kommentar zur Finanzwelt? Maurizio Cattelans Skulptur L.O.V.E. vor der Börse

Sepolcro steht. Gegenüber steht ein deplatziert wirkender Betonturm mit einem Balkon neben den zarten Formen eines Rokokohauses. Hier gab Benito Mussolini am 23. März 1919 die Gründung der „Fasci Italiani di Combattimento" bekannt – die Geburtsstunde der faschistischen Bewegung. Der faschistische „Redeturm", die **Torre Litoria**, diente dem Duce für seine öffentlichen Auftritte.

Von der Piazza San Sepolcro schlagen Sie nun die Via Bollo ein hin zur Kreuzung Cinque Vie („Fünf Straßen"). **Links über die Via Santa Maria Podone erreichen Sie so die 7 Piazza Borromeo**, einst das Viertel der mächtigen Adelsfamilie mit ihrer Hauskirche **Santa Maria Podone** und gegenüber dem umgebauten mittelalterlichen **Palazzo Borromeo**, heute noch Wohnsitz der Nachfahren. Carlo Borromeo reformierte zum Ausgang des Tridentiner Konzils radikal die Mailänder Diözese, hielt sich die spanische Inquisition vom Hals, ersetzte sie durch eine eigene, „mildere" und spendete in den Pestjahren 1576/77 tat- und wunderkräftig Hilfe. Sein Vetter Federico gründete die Pinacoteca und die Biblioteca Ambrosiana.

Von der Via Borromei (sehr eng, Vorsicht Autoverkehr) sollten Sie über die Via Santa Maria alla Porta hinweg einen Schlenker über die Piazza degli Affari machen:

Hier provoziert seit 2010 ein riesiger „Stinkefinger" aus Marmor vor der wuchtigen Mailänder Börse: die Skulptur **8 L.O.V.E. („Il Dito")** des Künstlers Maurizio Cattelan. **Im Rücken der Börse erreichen Sie über die Via delle Orsole die Via Meravigli,** die in westliche Richtung zum Corso Magenta wird. Auf dem erstreckt sich rechtsseitig der riesige **9 Palazzo Litta**, eine Adelsresidenz von 1648 in üppigen Barock- und Rokokoformen. Heute residiert hier die Kultur- und Denkmalpflege der Region Lombardei; auch das Theater des Palazzo wird noch bespielt *(www.teatrolitta.it).*

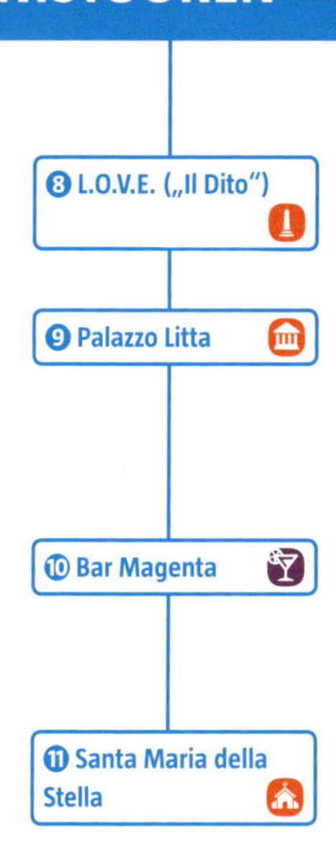

An der nächsten Straßenkreuzung mit der Via Carducci tut sich links die Jugendstil-**10 Bar Magenta** auf, einst ein legendärer Treffpunkt der Mailänder – die Stühle auf dem Bürgersteig laden zum Erholen und Gucken ein. **Ein paar Schritte weiter, schon gegenüber von Santa Maria delle Grazie, geht es dann in den ehemaligen Klosterkomplex 11 Santa Maria della Stella**, der im 17. Jh. zum städtischen Waisenhaus für Mädchen wurde, die man *stelline,* Sternchen, nannte. Noch bis 1971 wurde er in dieser Funktion genutzt. In Hausnummer 57 erzählt das **Museo Martinitt e Stelline** anhand alter Dokumente, Fotos, Werkstätten und Biografien die Geschichte der Waisenbetreuung *(martinitt* waren die Jungen*)*. Der berühmteste Waise ist Leonardo del Vecchio, Gründer von Luxottica, der größten Brillenfabrik der Welt. Heute beherbergt die Klosteranlage ein Hotel, Restaurants und zeitgenössische Ausstellungen.

3 ARCHITEKTUR DES 20. UND 21. JAHRHUNDERTS

START: 1 Giardini Pubblici Indro Montanelli
ZIEL: 11 Piazza Gae Aulenti

Strecke:
knapp 3 km

2–3 Stunden
reine Gehzeit
ca. 45 Minuten

Dieser Spaziergang führt an imposanten Architekturbeispielen des letzten Jahrhunderts vorbei, über ein paar besonders hübsche Innenstadtstraßen und gelangt schließlich zu nicht minder eindrucksvollen Bauten des 21. Jhs. Hier wird der urbanistische Gestaltungswille Mailands besonders augenfällig.

Los gehts in der Via Palestro bei den ❶ **Giardini Pubblici Indro Montanelli** → **S. 48**. Unter der Habsburger Regentschaft wurde Ende des 18. Jhs. dieser erste öffentliche Stadtpark angelegt und unter Napoleon wurde aus dem Adelspalais Villa Belgioioso 1802 dessen Mailänder Residenz, die Villa Reale, die heute das Museum für moderne Kunst beherbergt. Trauen Sie sich hinein in die bezaubernden ❷ **Giardini di Villa Reale** → **S. 96**, auch wenn der Park vornehmlich Kindern vorbehalten ist. Im Kontrast zu dieser heilen Welt steht das Graffito auf der Wand des Padiglione d'Arte Contemporanea: Der berühmte Street-Art-Künstler Blu zeigt die Stadt als Kokainbabylon. **Weiter auf der Via Palestro gelangen Sie zur Piazza Cavour.** Hier erhebt sich als eines der ersten nach dem Zweiten Weltkrieg entstandenen modernen Hochhäuser das ❸ **Centro Svizzero di Milano** mit dem empfehlenswerten Bistrot und Loungelokal **Swiss Corner** *(tgl. 7.30–2 Uhr)*.

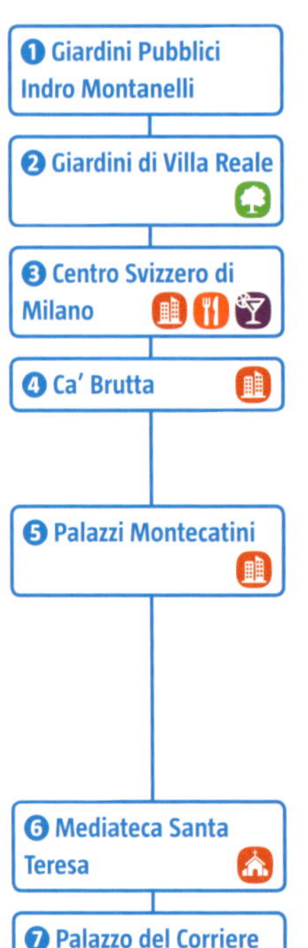

An der Piazza Cavour nehmen Sie die Zweite rechts, die Via Turati. An ihrer Kreuzung mit der Via della Moscova, Largo Donegani bzw. Piazza Stati Uniti genannt, konzentrieren sich ein paar eindrucksvolle Gebäude: Die eine Ecke nimmt die ❹ **Ca' Brutta** ein, das „Hässliche Haus", eine wuchtige Wohnanlage von 1922 von Giovanni Muzio, bedeutender Architekt der Novecento-Moderne, der auch das Triennale Design Museum entwarf. Auf der anderen Platzseite kontrastieren dazu zwei Bürokomplexe von schnörkelloser Modernität: die ❺ **Palazzi Montecatini** von Giò Ponti, Gründer der berühmten Architektur- und Designzeitschrift „Domus". Der eine stammt von 1935–1938, der andere von 1951; Letzterer ist Sitz des US-amerikanischen Generalkonsulats.

Beim Bummel über die schöne Via della Moscova sehen Sie beim Blick in die rechten Seitenstraßen die neue Skyline der Porta Nuova schon zum Greifen nah. In Hausnummer 28 ist die elegante Medienbibliothek ❻ **Mediateca Santa Teresa** in der Barockkirche Santa Teresa untergebracht. An der Kreuzung mit der Via Solferino erhebt sich der stattliche Liberty-❼ **Palazzo del Corriere della Sera**

von 1903, Sitz der namhaften Mailänder Tageszeitung. Man könnte nun den Redakteuren in die Mittagspause folgen, z. B. **in die Via San Marco (eine Querstraße zurück)** zur winzigen, urigen ⑧ **Latteria San Marco** *(Sa/So geschl. | Via San Marco 24 | Tel. 02 65 97 65 53 | €€)* zu dampfenden Suppen und Schmorbraten. Wenn Sie dort keinen Platz finden, werden Sie nicht hungrig bleiben: Zahlreiche kleine Bistrots oder auch feine Traditionslokale finden Sie **an der Querstrasse Via Montebello oder in der parallelen Via Solferino**, etwa das moderne **Pisacco** *(tgl. | Via Solferino 48 | Tel. 02 91 76 54 72 | €–€€)*.

So gestärkt geht es über die Via Marsala bis zur weiten, bühnenartigen Piazza 25 Aprile mit dem Stadttor Porta Garibaldi von 1828. Zur Rechten lockt die gastronomische Erlebniswelt ⑨ **Eataly** → S. 63 und weiter geradeaus am Corso Como 10 die kreative Erlebniswelt des gleichnamigen ⑩ **Konzeptstores** → S. 65. Die kurze Bummelmeile Corso Como, abends auch ein Nightlifetreff, führt direkt auf die **Torre Unicredit** zu, mit ihrer 231 m hohen Spitze Italiens höchster Wolkenkratzer. Zu der **Porta Nuova** → S. 41 genannten Hochhausgruppe von 2012 gehören außerdem INSIDER TIPP zwei vertikal begrünte Wohntürme sowie das gläserne Verwaltungsgebäude der Region Lombardei. Verbindungsscharnier ist die nach einer berühmten Mailänder Architektin benannte ⑪ **Piazza Gae Aulenti** → S. 41, auf der man sich abends zu spontanen Tanzevents trifft. Unter dem Platz verbirgt sich ein Supermarkt und hinter dem

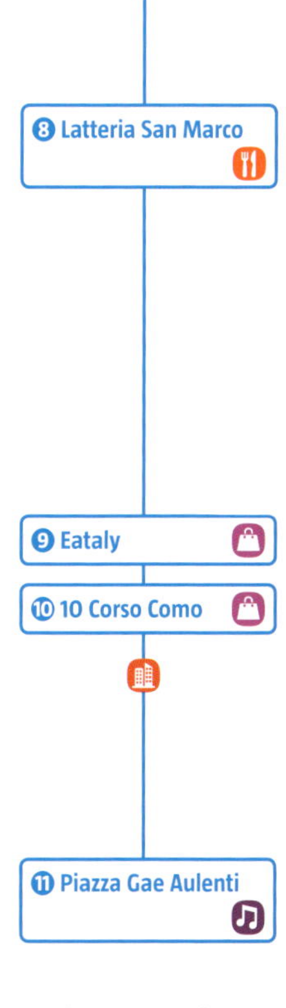

Das Mailand des 21. Jhs.: Hochhausensemble Porta Nuova an der Piazza Gae Aulenti

Neubauensemble geht es in den Kiez des Stadtteils Isola – ein ganz anderes, alternatives Szenario.

URALTE KIRCHEN UND JUNGE SZENE

START: 1 Sant'Ambrogio
ZIEL: 1 Sant'Ambrogio

Strecke:
knapp 4 km

2 ½ Stunden
reine Gehzeit
ca. 1 Stunde

Ein kleiner Spaziergang über Nebenstraßen verbindet die beiden wichtigsten Basiliken aus den Anfängen des Christentums, Sant'Ambrogio und San Lorenzo. Sie wurden am Rand der römischen Stadt errichtet, teils mit antikem Baumaterial, teils auf antiken Kultstätten. Ausgerechnet in diesem Stadtteil geht es heute besonders lebendig zu, mit Shoppingmeilen, aber auch ausgefallenen Läden, mit Bars und Esslokalen aller Art.

Die Besichtigung der Basilika von **1 Sant'Ambrogio** **→ S. 44** gehört zu den eindringlichsten Erlebnissen, die ein Mailandbesuch bietet. **Sie können die Kirche dann durch den Nebenausgang hinter der Statue von Papst Pius IX. im rechten Seitenschiff verlassen und kommen über einen kleinen Weg (links Gebäude der katholischen Universität) in die Via Lanzone und weiter in die Via Cami-**

Geballte lombardische Romanik: im Hof der Basilika Sant'Ambrogio

nadella: In einem lauschigen Innenhof bietet eine romantische kleine Konditorei zu Mittag köstliche Gemüsetorten: ② **Caminadella Dolci** → S. 63.

Nun erreichen Sie die lebhafte Piazza della Resistenza Partigiana – an der Ecke zum Corso Genova bietet die alteingesessene Bar und Konditorei ③ **Cucchi** *(Mo geschl.)* köstliche, mit Mandelcreme gefüllte Brioches. **Vom Corso Genova biegt nach ein paar Metern rechts die Via Calocero ab.** Sollten Sie zur Aperitifzeit unterwegs sein, empfiehlt sich links in der *Via Torti 23* die lockere **Art Bar Le Biciclette**. **Die Via Calocero führt weiter zur Kirche** ④ **San Vincenzo in Prato**, einer wiederaufgebauten romanischen Basilika aus dem 9. Jh., die im 19. Jh. sogar als Chemiefabrik genutzt wurde.

Sie gehen hinter der Kirche über die Via Ariberto und die Via Marco d'Oggiono über den Corso Genova (mit vielen interessanten Geschäften und links einem überdachten Lebensmittelmarkt) hinaus. **Rechts liegt in der Via Conca del Naviglio** das kleine Hafenbecken ⑤ **Conca del Naviglio**, wo Marmor für den Dombau verladen wurde. **Durch die Via Scaldasole erreichen Sie den Corso di Porta Ticinese und die Kirche** ⑥ **Sant'Eustorgio** → S. 33. **Rechts an ihr vorbei** gelangt man in den besonders gepflegten ⑦ INSIDER TIPP **Parco delle Basiliche** (offiziell Parco Papa Giovanni Paolo II). Hier sitzt man auf Bänken unter Rosenlauben mit Blick auf die Rückseite von ⑧ **San Lorenzo Maggiore** → S. 33, wobei man gut den unregelmäßigen Kapellenkranz sehen kann, der sich in Jahrhunderten um den Kirchbau gelegt hat. Erkunden Sie anschließend das Innere der Basilika.

Die Piazza vor der Kirche am Corso Porta Ticinese ist heute ein Treffpunkt der Jugend- und Alternativszene. Abends öffnen in der Umgebung viele Kneipen. **Sie gehen nun durch die** ⑨ **Via Mora**, eine Straße mit interessanten Läden wie **Mimma Gini** mit schönen handgewebten Stoffen, **Gardenia**, ein zauberhafter Blumenladen mit Kaffeeausschank oder dem Vintageladen **Cavalli e Nastri** → S. 67. **Weiter über die Via Orazio und Via Lanzone kommen Sie nach** ① **Sant'Ambrogio zurück.**

MIT KINDERN UNTERWEGS

Für Kinder ist Mailand mit seiner dichten Bebauung, seinem Verkehr und seinen von Pförtnern bewachten Innenhöfen bestimmt keine einfache Stadt. Doch dafür werden zahlreiche kindgerechte Aktivitäten organisiert, Infos gibt's im Touristenbüro. In den Stadtparks und den vielen kleinen Grünanlagen gibt es Spielplätze. Kinder unter sechs Jahren dürfen kostenlos die städtischen Verkehrsmittel benutzen. Zusätzlich darf ein Erwachsener bis zu zwei Kinder im Alter von sechs bis zehn Jahren mitnehmen.

INSIDER TIPP GIARDINI PUBBLICI INDRO MONTANELLI (134 B–C4) (*🗺 L3*)
Ein familienfreundliches Ziel, grün und mitten im Zentrum. Der Stadtpark, heute nach dem Journalisten Indro Montanelli benannt, wurde Mitte des 19. Jhs. als englischer Garten angelegt und beherbergt Spielplätze, große Grünflächen, Erfrischungskioske und kleinere Fahrgeschäfte. Das ● *Museo Civico di Storia Naturale (Di–So 9–17.30 Uhr | 5 Euro, Kinder bis 18 Jahre sowie generell Di ab 14 Uhr Eintritt frei | Corso Venezia 55)* im Park mit 23 Abteilungen von der Botanik bis zur Zoologie bietet auch ein Kinderprogramm an. *Tgl. 6.30–20, im Sommer bis 23 Uhr | Zugänge: Via Manin, Via Palestro, Corso Venezia, Bastioni di Corso Venezia | Metro 1, 3 Palestro, Porta Venezia, Turati*

GIARDINI DI VILLA REALE
(131 F1) (*🗺 L3–4*)
Ein paar Schritte weiter finden Sie diesen romantischen Park um die Villa Reale, in den – laut Aufschrift am Eingang – Erwachsenen der Zutritt nur in Begleitung von Kindern gestattet ist. Und Hunde sind nicht zugelassen. *Tgl. 9–16, im Sommer bis 19 Uhr | Via Palestro 15 | Metro 1 Palestro*

IDROSCALO (PARCO AZZURRO)
(140 C4) (*🗺 0*)
Um einen künstlichen See herum, der in den Zwanzigerjahren des 20. Jhs. ursprünglich als Landeplatz für Wasserflugzeuge angelegt wurde, ist vor der Stadt beim Flughafen Linate ein Freizeit- und Vergnügungspark mit **INSIDER TIPP** Bade-, Paddel- und Surfmöglichkeiten entstanden, dazu die Wasserspaßanlage *Acqua Play (Mitte Juni–Mitte Sept.)*. Im Norden des Parks breitet sich die Kirmes *Europark (im Sommer Mo–Fr ab 20.30, Sa/So ab 14.30 Uhr)* aus. *www.idroscalomilano.com | Bus 73*

Wasserspiele, Klein-Italien und ein Park, den Erwachsene nur in Begleitung von Kindern besuchen dürfen

LEOLANDIA (140 C3) (*M 0*)
Der Vergnügungspark in Capriate an der Autobahn Mailand–Venedig bietet Themenwelten wie Piraten, Western, das Universum Leonardo da Vincis, Fahrgeschäfte, Tiere, Italien in Miniatur und vieles mehr. *Stark gestaffelte Öffnungszeiten, April–Juli meist Mi–So 9.30–18, Aug. tgl. 10–19, Sept./Okt. meist Sa/So 10–18 Uhr | je nach Angebot 15,50–37,50 Euro, Kinder (90–120 cm) 12,50–32,50 Euro, unter 90 cm frei | Via Vittorio Veneto 52 | www.leolandia.it*

MUSEO DEI BAMBINI ●
(138 C2–3) (*M M6*)
In den bühnenreifen Räumlichkeiten der klassizistischen Anlage Rotonda della Besana erwartet Sie das Kindermuseum mit phantasievollen Ausstellungen, Animation und „Spiellabors“. Der kleine Park rundherum, ein Wandelgang aus Arkaden und ein nettes Café machen aus der Anlage eine wahre Oase. *Di–Fr 9.30–18, Sa/So 10–18 Uhr | 6 Euro, Kinder 8 Euro | Via Enrico Besana 12 | www.muba.it | Tram 9, 12, 27 | Bus 73, 77, 84*

PARCO ITTICO PARADISO
(140 C4) (*M 0*)
Vögel, kleine Säugetiere und vor allem Fische in einer Art Unterwasserzoo beherbergt dieser Tierpark in Zelo Buon Persico bei Paullo im Südosten Mailands. *März–Sept. Mo–Fr 9–17.30, Sa/So 9–19 Uhr | 10 Euro, Kinder 8 Euro, bis drei Jahre frei | Ortsteil Villa Pompeiana | www.parcoittico.it*

VOLANDIA – MUSEO DEL VOLO
(140 A3) (*M 0*)
Beim Flughafen Malpensa kann man in einer ehemaligen Flugzeugfabrik historische Flugzeugmodelle bestaunen. Dazu gibt es ein Planetarium und einen Flugsimulator, außerdem einen Spielplatz und ein Café. *Di–So 10–19 Uhr | 11 Euro, Kinder ab 3 Jahre 5 Euro | Via per Tornavento 15 | Somma Lombardo | www.volandia.it*

LOMBARDEI

Zu den Bergen der Lombardei gehört sogar ein Viertausendergipfel, der Pizzo Bernina (4049 m), den sie sich mit der Schweiz teilt. Hinzu kommen liebliche Hügel, eine fast subtropische Seenlandschaft und eine fruchtbare, von Flüssen durchzogene Ebene.

Echte Entdeckungen sind die wunderschönen Altstädte von Bergamo, Cremona oder Mantua. Bezaubernde Plätze mit ihren Cafés und Geschäften in Vigevano, Lodi und Crema beweisen, dass die Lombarden zu leben verstehen. Und die Ferienparadiese an den Oberitalienischen Seen ziehen Reisende schon seit Goethes Zeiten in ihren Bann.

Mit fast 9 Mio. Ew. ist die Lombardei (ital.: Lombardia) in etwa ebenso reich bevölkert wie Österreich, mit rund 24 000 km^2 aber nur so groß wie Mecklenburg-Vorpommern. Dichte Besiedelung, Industriegürtel, ein Netz aus oft verstopften Straßen, und dennoch: Die Lombardei ist zugleich erstaunlich grün. Und überall lässt sich etwas entdecken: eine weithin unbekannte Kapelle am Lago d'Iseo, ein Badestrand am Flussufer des Ticino, eine historische Industriesiedlung oder eine nette Trattoria, herrliche Uferpromenaden an den großen Seen oder einsame, pappelgesäumte Wege längs der Flüsse Po, Adda, Ticino, Oglio oder Mincio. An manchen Flussufern sind Radwege angelegt worden *(www.lecicloviedelpo.movimentolento.it)* und auf besonders attraktiven Flussabschnitten kann man sonntags an INSIDER TIPP Bootsausflügen teilneh-

 Bild: Lago di Como

Alte Städte, junges Land: Die Lombardei ist vielseitig und von oft überraschenden Gegensätzen geprägt

men (Info in den jeweiligen Tourismusbüros und unter *www.navigareinlombardia.it*).

Mit ihrer mittelständischen Industrie ist die Lombardei wirtschaftlich allen anderen 19 Regionen Italiens überlegen. Die Arbeitslosigkeit liegt weit unter dem Landesdurchschnitt. Zudem ist sie von den Reisfeldern der Lomellina an der Grenze zum Piemont im Westen bis zu den Olivenhainen am Gardasee im Osten auch eine wichtige Agrarregion und der größte Lebensmittelproduzent Italiens.

MARCO POLO hat dem Gardasee sowie den Oberitalienischen Seen (Lago Maggiore, Luganer See, Comer See) eigene Bände gewidmet. Der vorliegende Band beschränkt sich deshalb auf die Kerngebiete der Lombardei.

BERGAMO

(140 C3) **Die 121000-Ew.-Stadt Bergamo, vor allem die hoch gelegene ★ Altstadt, ist eine wahre Pracht.**

Alt ist Bergamos Hauptplatz, und so heißt er auch: Piazza Vecchia

Sie thront zwischen der Poebene und den Voralpen am Ausgang der grünen Täler von Brembo und Serio. Nach einer kurzen Zeit als freie Kommune kam Bergamo bis 1796 unter venezianische Herrschaft. Diese Mischung aus lombardischen und venezianischen Elementen macht den Ort so einzigartig. Die aus Goldoni-Komödien bekannte Figur des Arlecchino stammt aus Bergamo. Während sich die moderne Unterstadt in der Ebene – mit lebendigen Shoppingstraßen und der kostbaren Gemäldegalerie Accademia Carrara – immer weiter ausgebreitet hat, ist Bergamo Città Alta, die Altstadt auf dem Hügel, weitgehend erhalten geblieben. Der Zugang in die Oberstadt erfolgt am schönsten mit der Standseilbahn vom Viale Vittorio Emanuele oder zu Fuß vom Parkplatz bei der ehemaligen Kirche Sant'Agostino aus.

SEHENSWERTES

ACCADEMIA CARRARA DI BELLE ARTI

Für Freunde alter Malkunst gehört der Besuch dieser fantastischen Gemäldesammlung in der modernen Unterstadt zu einem Must: Sie sehen Werke u. a. von Sandro Botticelli, Giovanni Bellini, Andrea Mantegna und Tizian sowie vom für Bergamo bedeutenden Giovanni Battista Moroni (1522–1579). *Mi–Mo 10–19, im Winter bis 17.30 Uhr | 10 Euro | Piazza Giacomo Carrara 82 | www.accademiacarrara.bergamo.it*

CAPPELLA COLLEONI

Die Renaissancekapelle am Domplatz in der Oberstadt wurde als Grabstätte für einen venezianischen Heerführer und seine Tochter 1476 von Giovanni Antonio Amadeo errichtet. Dass sich Stile durchaus ergänzen können, zeigen im Inneren u. a. die barocken Fresken von Giambattista Tiepolo (1733). *Di–So 9–12.30 und 14–16.30, im Sommer bis 18.30 Uhr*

PIAZZA VECCHIA

Der gewaltige Glockenschlag im Campanone ruft Sie auf den mittelalterlichen Turm zwischen dem Palazzo della Ragione (heute Rathaus) und dem Palazzo del Podestà, natürlich des Ausblicks wegen! Zusammen mit dem Domplatz bildet diese alte beschauliche Piazza das Herz der Oberstadt. Ihre Mitte schmückt ein barocker Brunnen. Gemütlich sitzen, Leute schauen und Genuss pur versprechen die Cafés und Restaurants.

SANTA MARIA MAGGIORE

Dem malerischen romanischen Bau (12. Jh.) fehlt die Fassade. Dem Portal vorgesetzt ist eine wunderschöne Vorhalle aus dem 14. Jh. Sehenswert im Inneren ist vor allem der Chor mit Intarsien im Chorgestühl teilweise nach Entwürfen von Lorenzo Lotto (1522–1555). *Mo–Sa 9–12, 14.30–17, im Sommer bis 18 Uhr, So 9–13 und 15–18 Uhr | Piazza Duomo*

ESSEN & TRINKEN

IL CIRCOLINO DI CITTÀ ALTA

Hier im lebendigen Gartenlokal treffen sich alle zu leckerer Lokalküche, zu den gefüllten Teigtaschen *Casoncelli* oder dem guten Käse aus den Alpen über Bergamo (Pizza gibt es auch). *Tgl. | Vicolo Sant'Agata 19 | Tel. 0 35 21 85 68 | www.ilcircolinocittaalta.it | €*

ÜBERNACHTEN

B & B ALBACHIARA

In einem Altstadthaus vier hübsche, geräumige Zimmer mit eigenem Bad. *Via Salvecchio 2 | Tel. 0 35 23 17 71 | www.bbalbachiara.info | €–€€*

AUSKUNFT

Torre del Gombito | Via del Gombito 13 | Tel. 0 35 24 22 26 | www.visitbergamo.it

ZIELE IN DER UMGEBUNG

INSIDER TIPP CRESPI D'ADDA (140 C3)

In Crespi ca. 15 km südwestlich an der A 4 nach Mailand ist direkt am Fluss Adda eine außergewöhnliche Siedlung vom Ende des 19. Jhs. in historisierendem Stilgemisch (Unesco-Welterbe) erhalten: die Wohnsiedlung für Arbeiter und Angestellte einer ehemaligen Textilfabrik.

MONZA (140 C3)

Auf dem Weg nach Mailand liegt gut 40 km südwestlich diese alte langobardische Königsstadt (120 000 Ew.). Im gotischen *Dom* wird die berühmte eiserne Krone der Langobarden aufbewahrt, mit der bis Napoleon alle italienischen Könige gekrönt wurden. Giuseppe Piermarini baute um 1780 am Rand von Monza die *Villa Reale (www.reggiadimonza.it | Di–So 10–19, Fr bis 22 Uhr | 10–12 Euro)*, ein Sommerschloss für die österreichischen Statthalter der Lombardei. Die Gemächer der letzten italienischen Könige kann man besichtigen, hinzu kommen interessante moderne Wechselausstellungen. Der *Park (tgl. 7 Uhr–Sonnenuntergang | Eintritt frei | Fahrradverleih)* zur königlichen Villa ist so groß, dass sogar eine 6 km lange Autorennstrecke hineinpasst.

MARCO POLO HIGHLIGHTS

★ Altstadt von Bergamo
Die alte Oberstadt bezaubert mit ihrem Charme → S. 99

★ Cremona
Geigen in der Stadt des Stradivari → S. 105

★ Mantua
Der weitläufige Palazzo Ducale – fast eine Stadt in der Stadt → S. 107

★ Sabbioneta
Ein Traum der Renaissance: die Miniaturresidenz auf dem Dorf → S. 109

★ Certosa di Pavia
Ein Kloster wie ein Schloss → S. 110

★ Vigevano
Atmosphäre tanken auf der eleganten Piazza mit ihren Arkaden → S. 111

Immerhin wird hier alljährlich der große Preis von Italien ausgetragen. Auch Sie können hier Rennrunden drehen, z. B. in einem Ferrari 488 *(Info und Preise: www.tempiodellavelocita.it, www.puresport.it/circuito-monza.asp)*. Auskunft: *Palazzo Comunale | Piazza Carducci | Tel. 0 39 32 32 22 | www.promonza.it*

SAN PELLEGRINO TERME UND VAL TALEGGIO (140–141 C–D2)

Die stark befahrene Staatsstraße 470 führt nordwärts in die Val Brembana und ins Thermalbad *San Pellegrino,* wo das berühmte Mineralwasser aus dem Boden sprudelt. Grandhotel und Kasino verweisen auf die glorreiche Zeit vor dem Ersten Weltkrieg, als sich gekrönte Häupter im Kursaal entspannten und der europäische (Geld-)Adel sich um die Spieltische drängte. Nach langer Zeit der Ermattung ist nun ein neues, sehr schönes Thermalzentrum *(qctermesanpellegrino.it)* mit feinem Hotel eingeweiht worden.
Nördlich von San Pellegrino zweigt nach Westen das *Taleggiotal* ab, aus dem ein berühmter Käse kommt. Spätestens in *Vedeseta,* nach kurvenreicher Fahrt mit herrlichen Ausblicken, versteht man, warum dieses Tal mit seinen lieblichen Almen auch „Piccola Svizzera" – kleine Schweiz – heißt. Den Taleggiokäse gibt es u. a. bei der Kooperative *Sant'Antonio (Ortsteil Reggetto | Tel. 0 345 47 467 | www.santantoniovaltaleggio.com)* zu kosten und zu kaufen.

LOW BUDG€T

Viel sparen können Sie bei Schiffsfahrten auf Comer See, Lago Maggiore und Gardasee, wenn Sie statt mit einem der teuren Ausflugsschiffe die fahrplanmäßig verkehrenden Fähren *(www.navlaghi.it)* benutzen.

Wie viele wunderbaren Rosen es gibt, zeigt der zauberhafte Rosengarten ● *Roseto Niso Fumagalli (Di–So 10–18 Uhr)* links vom Eingang der *Villa Reale* in Monza, ein privates Paradies, das man gratis besuchen darf.

BRESCIA

(141 E3) **Am Fuß der Voralpen liegt Brescia, mit 195 000 Ew. die zweitgrößte Stadt der Lombardei, die hinter einem zersiedelten Industriegürtel ein äußerst sehenswertes Zentrum verbirgt.**
Jede Epoche hat hier einen Platz geprägt: die Antike das Forum mit dem kapitolinischen Tempel, das Mittelalter die Piazza Duomo/Piazza Paolo VI, die heitere venezianische Renaissance die Piazza della Loggia und die Moderne die Piazza della Vittoria – kühle Marmorpracht aus der Zeit des italienischen Faschismus.

SEHENSWERTES

PIAZZA DEL DUOMO (PIAZZA PAOLO VI)

Das ist das mittelalterliche Zentrum der Stadt mit dem alten Rathaus *Broletto* aus dem 12. Jh., dem Stadtturm *Torre del Popolo* und dem altehrwürdigen zentralen Kirchenbau der *Rotonda (Duomo Vecchio)* im strengen Stil der Romanik (vermutlich nach dem Vorbild der Grabeskirche von Jerusalem). Der „neue" Dom stammt aus dem Manierismus, der Übergangszeit zwischen Renaissance und Barock.

PIAZZA DELLA LOGGIA

Unter der venezianischen Herrschaft im 16. Jh. wurde diese harmonische Anlage mit dem *Uhrturm (Torre dell'Orologio)*

Tagsüber kuren, abends im Kasino das nicht verdiente Geld verjubeln: San Pellegrino Terme

zum Mittelpunkt der Stadt. Wichtigstes Bauwerk ist die Loggia (ehemaliges Rathaus) in wunderschöner lombardisch-venezianischer Renaissance mit Kuppeldach nach dem Vorbild der Basilica Palladiana in Vicenza.

PINACOTECA TOSIO MARTINENGO

Die Gemäldegalerie in einem barockisierten Adelspalast aus dem 16. Jh. besitzt vor allem lombardische, aber auch venezianische Malerei aus dem 15.–17. Jh., darunter Vincenzo Foppa und Lorenzo Lotto. Glanzstücke sind die Werke der Malschule von Brescia um Alessandro Moretto und Girolamo Romanino. Sie werden während eines Umbaus im Museum Santa Giulia gezeigt (s. nächster Eintrag). *Piazza Moretto 4*

INSIDER TIPP SANTA GIULIA MUSEO DELLA CITTÀ

In der großartigen langobardischen Klosteranlage ist nicht nur Platz für zwei Kirchen – San Francesco mit herrlichen Wandmalereien aus dem 9. Jh. und Santa Giulia aus dem 15. Jh. –, sondern auch für die städtischen Museen. Mit spannenden Funden geben sie Einblick in die keltische, römische, langobardische, mittelalterliche Stadtgeschichte. Auch wertvolle Kunstwerke sind zu sehen. *Mitte Juni–Sept. Di–So 10.30–19, Okt.–Mitte Juni 9.30–17.30 Uhr | 10 (bei Ausstellungen 12) Euro | Via dei Musei 81b*

ESSEN & TRINKEN

TRATTORIA AL FRATE

Bis spät geöffnetes Traditionslokal im Zentrum mit lokaler Küche. Probieren Sie die herrlichen *tortelli di zucca* (Kürbistäschchen)! Reiche Weinkarte. *Mo-Mittag geschl. | Via dei Musei 25 | Tel. 03 03 77 05 50 | www.alfrate.com | €–€€*

ÜBERNACHTEN

ALBERGO OROLOGIO 1895

Das charmante Hotel ist in einem Altstadtpalazzo untergebracht und bietet ansprechende Zimmer. *16 Zi. | Via Cesare Beccaria 17 | Tel. 03 03 75 54 11 | www.albergoorologio.it | €*

AUSKUNFT

Piazza Paolo VI/Via Trieste 1 | Tel. 03 02 40 03 57 und *am Bahnhof | www.turismobrescia.it*

Weniger für seine Landschaft als für seine kultigen Schaumweine bekannt: Franciacorta

ZIELE IN DER UMGEBUNG

CAPO DI PONTE (141 E2)

Längs des rauschenden Flusses Oglio liegt 75 km nördlich in der Valcamonica an der SS 42 Capo di Ponte (2400 Ew.) im Zentrum eines Gebiets mit vorzeitlichen Felszeichnungen. In der Valcamonica sind rund 300 000 solcher Steingravuren aus dem 8. bis 7. Jahrtausend v. Chr. gefunden worden. Sie begegnen hier vor einer herrlichen Gebirgskulisse den Anfängen der europäischen Menschengeschichte. Im Ortsteil Naquane erstreckt sich über rund 30 ha das Schutzgebiet *Parco Nazionale delle Incisioni Rupestri (Di–So 8.30–19 Uhr | 4 Euro)*, in dem auf mehreren Rundgängen rund 100 bearbeitete Felsen zu finden sind, darunter die Roccia Grande mit ca. 1000 Figuren. Im Ortszentrum steht das *MUPRE (Museo Nazionale della Preistoria della Valle Camonica) (tgl. 14–18 Uhr | 6 Euro)*, das Museum zur Frühgeschichte. Capo di Ponte ist mit dem Bummelzug rund zwei Stunden von Brescia entfernt (Linie Brescia–Iseo–Edolo). Bahnhof: *Via Nazionale 30 | www.trenord.it*

CASTIGLIONE DELLE STIVIERE UND SOLFERINO (141 E–F4)

Beim 40 km südöstlich gelegenen *Solferino* und im nahen *San Martino della Battaglia* wurden im Sommer 1859 die blutigsten Schlachten der italienischen Einheitsbewegung zwischen Franzosen und Piemontesen einerseits und Österreich-Ungarn andererseits geschlagen. Der Anblick von Tausenden Verletzten soll dem Schweizer Philantropen Henri Dunant, der in Castiglione einquartiert war, den Anstoß zur Gründung des Roten Kreuzes 1863 in Genf gegeben haben. Zur Geschichte können Sie mehrere Museen besuchen, u. a. in Castiglione das *Museo Internazionale della Croce Rossa (Di–So 9–12 und 14–17, im Sommer 15–18 Uhr | 5 Euro | Via Giuseppe Garibaldi 50 | www.micr.it)*.

INSIDER TIPP FRANCIACORTA
(141 D–F 3–4)

Die champagnerartigen Schaumweine des Weinbaugebiets südlich des Iseosees haben in Norditalien geradezu Kultcharakter. Einen guten Einstieg bietet die moderne Vinothek mit Bar und Restaurant *Dispensa Pani e Vini (Mo geschl. | Ortsteil Adro | Via Principe Umberto 23 | Tel. 03 07 45 07 57 | www.dispensafranciacorta.com | €€)* im gut 30 km nordwestlich gelegenen *Torbiato* oder bei *Erbusco* die größte Weinhandlung des Gebiets, die auch über Winzerbesuche informiert: *Cantine di Franciacorta (www.cantinedifranciacorta.it)* an der Provinzstraße SP XI zwischen Rovato und Iseo.
Und wer in dieser Gegend gar nichts mit Wein im Sinn hat, kann preisgünstig im *Franciacorta Outlet Village (tgl. 10–20 Uhr | Piazza Cascina Moie 1 | www.franciacortaoutlet.it)* in *Rodengo-Saiano* shoppen.

GARDASEE (LAGO DI GARDA) (141 F3)

Der Lago di Garda ist mit 370 km² der größte See Italiens. Durch den Monte Baldo geschützt, bildet er eine klimatische Insel in den Voralpen, ein Stück Süditalien im Norden, und ist deshalb gerade bei den Deutschen und Österreichern beliebt, die ihn schnell erreichen können. Zur Lombardei gehören das Südufer mit Sirmione und Desenzano und das Westufer, die mondänste, von italienischen Urlaubern bevorzugte Ecke am See. Ausführliche Informationen finden Sie im MARCO POLO Reiseführer „Gardasee".

ISEOSEE (LAGO D'ISEO) (141 D3)

Über die Staatsstraße SS 510 erreichen Sie nach rund 20 km beim Städtchen Iseo den gleichnamigen See. Die Kunstaktion *Floating Piers* des Verpackungskünstlers Christo haben 2016 den See mit seinen hübschen Dörfern und Seehotels weltweit in die Schlagzeilen gebracht. Mitten im Lago d'Iseo liegt der grüne Hügel Monte Isola, die größte Seeinsel Italiens, mit schönen Spazierwegen (sonntags überlaufen); Überfahrt von Iseo, Sulzano oder Sale Marasino aus. In Sulzano bietet das Hotel *Rivalago (33 Zi. | Via Luigi Cadorna 7 | Tel. 0 30 98 50 11 | www.rivalago.it | €€–€€€)* direkt am See eine edle, romantische Kulisse. In *Pisogne* an der Nordspitze des Sees lohnt die Besichtigung der Kirche INSIDER TIPP *Santa Maria della Neve,* wegen des Freskenschmucks von Girolamo Romanino (um 1534) auch „Sixtinische Kapelle der Armen" genannt.

CREMONA

(141 D5) ★ **Cremona, die Heimatstadt (80 000 Ew.) des Geigenbauers Antonio Stradivari, gehört mit ihrer mit Flusskieseln gepflasterten Altstadt und der monumentalen Domanlage zu den beliebtesten Reisezielen in der Lombardei.**

Eine ganze Reihe Handwerksbetriebe für Saiteninstrumente hat die Stadt zum Musikzentrum gemacht mit einem Showroom an der Piazza Stradivari *(www.cremonaliuteria.it)*. Die berühmten Süßigkeiten (Torrone, eine feste Zuckerteigmasse mit Mandeln) bekommen Sie in der Fußgängerzone des Corso Matteotti mit seinen stilvollen Läden. Und auf den schönen ● Plätzen Piazza Stradivari und Piazza del Comune/Piazza del Duomo laden besonders viele Straßencafés ein. Cremona entstand in der Zeit der freien Kommune, als die Stadt, unterstützt von Kaiser Barbarossa, sich dem Einfluss Mailands widersetzen konnte.

SEHENSWERTES

DOM

Wunderschön liegt der alte romanische Dom an seiner geruhsamen Piazza, im Straßencafé fühlt man sich mitten auf einer mittelalterlichen Bühne. Ab 1107

Stradivaris Heimatstadt ist heute noch ein Zentrum des Geigenbaus

begann sein Bau, mit der zweigeschossigen Fassade, der kunstvollen Fensterrose und dem festlichen Portikus. Das dreischiffige Innere ist mit Fresken lombardisch-venetischer Meister ausgemalt.

MUSEO CIVICO ALA PONZONE

Im Gebäude des Museo Civico ist die Pinakothek mit lombardischer Malerei vom 15. bis 19. Jh. untergebracht sowie eine reiche Privatsammlung an Streich- und Zupfinstrumenten. *Di–So 10–17 Uhr | 7 Euro | Via Ugolani Dati 4*

MUSEO DEL VIOLINO

Am Südrand der Altstadt befindet sich das moderne Geigenmuseum zur Geschichte der Geige: mit einer wertvollen Sammlung alter und neuer Streichinstrumente, mit dem gesamten Nachlass von Stradivari, mit Sonderausstellungen zum Thema Geige und mit einem akustisch hochwertigen Konzertsaal, dem Spielort des Stradivarifestivals im September. *Di–So 10–18 Uhr | 10 Euro | Piazza Guglielmo Marconi | www.museodelviolino.org*

PIAZZA DEL COMUNE

Das monumentale Zentrum der Stadt, einer der schönsten mittelalterlichen Plätze Italiens mit dem Dom, dem gotischen Torrazzo, dem romanischen Baptisterium, der Loggia dei Militi (Versammlungssitz der Führer der städtischen Milizen) und dem Palazzo del Comune (alter Amtssitz der Stadtregierung). Der ✺ *Torrazzo (tgl. 10–13 und 14.30–18 Uhr | 5 Euro),* Symbol der Stadt und mit 111 m der höchste Glockenturm Italiens, wurde 1267 errichtet. Es lohnt, ihn zu besteigen – großartige Aussicht!

ESSEN & TRINKEN

HOSTERIA 700

Hier schmecken die Teigtaschen *Marubini Cremonesi* auch deshalb so gut, weil man in einem gediegenen Palazzo mitten im Zentrum tafelt. *Mo-Abend, Di geschl. | Piazza Gallina 1 | Tel. 0 37 23 61 75 | www.hosteria700.com* | €€

ÜBERNACHTEN

LOCANDA AL CARROBBIO

8 km stadtauswärts in fruchtbarer Agrarlandschaft liegt dieses gepflegte behagliche Landhotel, in dem man auch gut speisen kann. *6 Zi. | Via Castelverde 54 | Tel. 03 72 56 09 63 | carrobbio.net | €–€€*

AUSKUNFT

Piazza del Comune 5 | Tel. 03 72 40 70 81 | www.turismocremona.it

ZIELE IN DER UMGEBUNG

CREMA (141 D4)

Durch die typische Landschaft der Poebene mit Pappelhainen und großen Feldern für Mais- und Futterklee erreichen Sie das knapp 40 km nordwestlich gelegene Bischofsstädtchen (35 000 Ew.) am rechten Ufer des Serio. Von 1499 bis 1797 gehörte es zum Herrschaftsgebiet Venedigs, was man dem Stadtbild ansieht: Crema besitzt eine große, von Laubengängen gesäumte Renaissancepiazza, an der der *Palazzo del Comune* mit venezianischen Fenstern aus dem 16. Jh. steht. Hier liegt auch die größte Sehenswürdigkeit der Stadt, der frisch restaurierte lombardisch-gotische *Dom* im typischen braunen Backstein. Sein Glockenturm aus der Renaissance prägt noch immer die Stadtsilhouette.

In dem restaurierten Komplex des Augustinerklosters ist das kleine Stadtmuseum *Museo Civico di Crema (Di 14–17.30, Mi–Fr 10–12 und 14–17.30, Sa 10–12 und 15.30–18.30, So 10–12 und 15–18 Uhr | Eintritt frei | Via Dante Alighieri 49)* untergebracht, in dem oft wichtige Ausstellungen gezeigt werden. Einen Abstecher an den nördlichen Stadtrand lohnt die Wallfahrtskirche *Santa Maria della Croce,* ein Zentralbau, der im Stil Bramantes um 1500 entstanden ist. Wundervolle Kuchen und verführerische Süßigkeiten verkauft die *Pasticceria Treccia d'Oro (Mi geschl.)* auf der Piazza Garibaldi, darunter den für Crema typischen Hefezopf, die *treccia.* Auskunft: *Piazza Duomo 22 | Tel. 03 73 81 02 0 | www.prolococrema.it*

INSIDER TIPP LODI (140 C4)

Die Kleinstadt (42 000 Ew.) 50 km nordwestlich an der Adda gehört zu den bislang kaum entdeckten Schönheiten der Lombardei. Sehenswert sind die malerische *Piazza della Vittoria* mit dem Dom (ab 1158) und die gotische Kirche *San Francesco.* Der Höhepunkt aber liegt in der Via Incoronata: die achteckige Renaissancekirche *Tempio della Beata Vergine Incoronata,* die komplett mit biblischen Motiven ausgemalt ist (u. a. von Bergognone ab 1515 und der Piazza-Familie). Bistrots und Restaurants gibt es überall im Zentrum, richtig gut – auch Fisch – isst man im gehobenen *Ristorante La Coldana (Sa-Mittag und Mo geschl. | Via privata del Costino | Tel. 03 71 43 17 42 | www.lacoldana.it | €€)* am südöstlichen Stadtrand in einem restaurierten Landhaus. Auskunft: *Piazza Broletto 4 | Tel. 03 71 40 92 38 | www.turismo.provincia.lodi.it*

MANTUA (MANTOVA)

(141 F5) Der Fluss Mincio legt sich breit wie ein See um die halbe Altstadt, ein wunderbarer Anblick auch im nebligen Winter. Der größte Schatz der gemütlichen Renaissancestadt ★ Mantua (49 000 Ew.) ist ein kleiner ausgemalter Raum in der riesigen Burganlage im Zentrum.

MANTUA (MANTOVA)

Unter der Herrschaft der Familie Gonzaga wurde der Ort im 15./16. Jh. zu einem der prunkvollsten Hofsitze Europas. Die größten Künstler der Zeit – Andrea Mantegna, Leon Battista Alberti, Giulio Romano – ließen sich von den Gonzaga in Dienst nehmen. Großartige Kirchen wie Sant'Andrea (um 1470, Fassade in Form eines Triumphbogens) und San Sebastiano (1460 in klassischer Strenge) sowie viele Paläste entstanden.
Man bummelt durch die Innenstadt, z. B. über die malerische Piazza Erbe mit der romanischen Rotonda di San Lorenzo oder durch die Einkaufsstraßen Via Roma und Corso Umberto I. Die von der nahen Emilia beeinflusste Küche Mantuas wird von Feinschmeckern gerühmt.

SEHENSWERTES

PALAZZO DUCALE

Ausgehend von einem mittelalterlichen Wehrturm mit acht Baukörpern, mehreren Innenhöfen, Terrassen und hängenden Gärten, ist der Palazzo Ducale eine regelrechte Stadt in der Stadt, zu der jeder Gonzaga-Herzog von Mitte des 15. bis Anfang des 17. Jhs. etwas beitragen wollte. Eine der größten Kunstsammlungen Europas wurde später in alle Winde zerstreut.
Geblieben ist – neben den imposanten Räumlichkeiten – das großartige Fresko, das Andrea Mantegna in zwei Arbeitsphasen um 1465 und 1474 in die kleine, berühmte *Camera degli Sposi (Voranmeldung für die Camera unter Tel. 04 12 41 18 97 oder www.ducalemantova.org)*, das „Hochzeitszimmer", malte. Es zeigt Markgraf Ludovico mit Frau und Hofstaat, wie er auf seinen Sohn Francesco wartet, der zum Kardinal ernannt wurde, wie ihm in einem Brief mitgeteilt wird, den der Graf noch in der Hand hält. Mit ihrem repräsentativen Gestus wurde die Camera degli Sposi zum Vorbild für viele andere europäische Fürstenhöfe. *Di–So 8.15–19.15 Uhr | 6,50 Euro | Piazza Sordello 40 | www.ducalemantova.org*

PALAZZO DEL TÈ

Mächtige Riesen stemmen Gewölbe und einstürzende Felsen: Wild geht es zu auf den Fresken, mit denen Giuliano Romano um 1535 einige Säle der Sommerresidenz der Gonzaga am Südende der Stadt ausschmückte. Rauschende Feste wurden hier einst gefeiert. *Mo 13–19.30, Di–So 9–19.30 (im Winter bis 18.30) Uhr | 12 Euro | Viale Tè 13 | www.palazzote.it*

ESSEN & TRINKEN

ANTICA OSTERIA AI RANARI

Man fühlt sich in alte Zeiten versetzt: handfeste Wirtsleute, rustikale Holztische und echte Mantuaner Hausmannskost. Hier sollten Sie frittierte Frösche oder *risotto alla pilota* probieren, körnigen Reis mit Wursthack. *Mo geschl. | Via Trieste 11 | Tel. 03 76 32 84 31 | www.ranari.it |* €–€€

L'OCHINA BIANCA

Exzellente Mantuaner Küche – typisch für die Gegend sind Kürbis und Reis sowie frittierter Fisch. *Mo geschl. | Via Giuseppe Finzi 2 | Tel. 03 76 32 37 00 | www.ochinabianca.it |* €€

ÜBERNACHTEN

CASA DEL TEATRO

Mitten in der Altstadt wohnt man freundlich betreut in drei zauberhaften, eleganten Zimmern. Dazu gibt es ein besonders reichhaltiges Frühstück. *Piazza Teofilo Folengo 3 | Tel. 36 69 70 39 01 | www.casadelteatro.it |* €

Göttergewitter: Jupiter schleudert Blitze in Mantuas Palazzo del Tè

HOTEL BROLETTO
Ein kleines, charmantes Hotel im Altstadtkern. *14 Zi. | Via Accademia 1 | Tel. 03 76 32 67 84 | www.hotelbroletto.com |* **€€–€€€**

AUSKUNFT

Piazza Mantegna 6 | Tel. 03 76 43 24 32 | www.turismo.mantova.it

ZIELE IN DER UMGEBUNG

CURTATONE (141 F5)
9 km westlich liegt der Weiler Curtatone am Mincio mit der Wallfahrtskirche *Santa Maria delle Grazie* im Renaissancestil, berühmt für ihre einzigartigen, INSIDER TIPP wie Theaterpuppen gestalteten Votivfiguren, die aus Nischen hinunter in den Kirchenraum schauen. Mitte August treffen sich auf dem Vorplatz Dutzende von Madonnenmalern. Zum Ausflug gehört es, sich an die Tafel der *Locanda delle Grazie (Mo- bis Do-Abend, Di/Mi geschl. | Via San Pio X 2 | Tel. 03 76 34 80 38 | €–€€)* zu den köstlichen, mit Kürbis gefüllten Teigtaschen *tortelli di zucca* zu setzen.

SABBIONETA ★ (141 E5)
Das sind Träume, die nur in der Renaissance wahr werden konnten: 1554 wollte Vespasiano Gonzaga es seinen eingebildeten Vettern in Mantua zeigen und zog sich aufs Dorf zurück. Hier in Sabbioneta, rund 35 km südwestlich von Mantua in einer Poschleife gelegen, ließ er einen kleinen Hofstaat aus dem Boden stampfen mit Palazzo Ducale und Theater (Teatro Olimpico), Kunstgalerie und Waffenhof, Kirchen, Klöstern und Palästen (teilweise herrlich ausgemalt), das Ganze von einer Befestigungsanlage gesichert. Besichtigung der Innenräume nur mit Führungen: *Tgl. 9.30–13 und 14.30–17, April–Okt. bis 18.30 Uhr | 12 Euro | beim Ufficio Turismo | Piazza d'Armi 1 | Tel. 0 37 55 20 39*

PAVIA

(140 B5) **Der Magnet ist die grandiose Renaissance-Kartause ein paar Kilometer nördlich vor den Stadttoren von Pavia. Und die Stadt (73 000 Ew.) selbst? Eine alte Königsstadt.**

Vor uns waren schon viele mittelalterliche Könige da, die Langobarden, Karl der Große, der römisch-deutsche Kaiser Heinrich II. ließ sich 1004 hier zum König von Italien krönen. Noch heute hat Pavia etwas Mittelalterliches, mit engen Gassen und altehrwürdigen Kirchen wie der romanischen Basilika *San Michele* und der Kirche *San Pietro in Ciel d'Oro* (1132), in der die Gebeine von Sant'Agostino, dem großen Kirchenlehrer des Frühchristentums, aufbewahrt werden. Durch die Innenstadt führt der schnurgrade Corso Strada Nuova: vom *Kastell* (mit den städtischen Museen) in Bahnhofsnähe bis zur schönsten Flussbrücke Norditaliens, dem *Ponte Coperto* überm Fluss Ticino, beides Bauwerke aus dem 14. Jh., der Zeit der Mailänder Visconti-Fürsten. Nach ihrer Zerstörung im Zweiten Weltkrieg wurde die überdachte Brücke aus rotbraunem Backstein originalgetreu wieder aufgebaut. Am Corso liegt auch die *Universität* (14.–18. Jh.), eine der ältesten Europas. Über elegante Innenhöfe gelangt man ins Labyrinth der teils mit Fresken geschmückten Hörsäle. Im grünen, wasserreichen Umland wächst der Reis für Risotto. Den bekommt man – neben knuspriger Pizza und den Blick auf den imposanten *Dom* aus Backstein – in der Pizzeria *Hosteria Regisole (tgl. | Piazza Duomo 4 | Tel. 03 82 53 09 20 | €–€€)*. Auskunft: *Via del Comune 18 | Palazzo del Broletto | Tel. 03 82 07 99 43 | www.vivipavia.it*

ZIELE IN DER UMGEBUNG

CERTOSA DI PAVIA ★ (140 B4)

Knapp 10 km nördlich erhebt sich die Certosa von Pavia wie eine kostbare Krone aus der flachen Sumpflandschaft. Das Kar-

Die ganze Pracht der Renaissance: Kreuzgang der Certosa di Pavia

täuserkloster, das wie ein Schloss wirkt, wurde 1390 vom Visconti-Herzog gebaut, um die Grablege der Familie aufzunehmen. 100 Jahre später entstand die prächtige Marmorfassade der Kirche. Herrliche Innenhöfe, man kann auch Mönchszellen besichtigen. Am Wochenende ist die Certosa meist ziemlich überlaufen. *Di–So 9–11.30 und 14.30–16.30, Mai–Sept. bis 18 Uhr | Eintritt frei (Spende erwünscht)*
Nach all der Kunst und Architektur vom Feinsten kann man in der alten Abteimühle auch fein tafeln: im elegant-gediegenen Restaurant *Locanda Vecchia Pavia Al Mulino (So-Abend und Mo geschl. | Tel. 03 82 92 58 94 | www.vecchiapavia almulino.it | €€–€€€)*.

INSIDER TIPP LOMELLINA **(140 A–B 4–5)**
Ein ganz anderes Gefühl von Italien vermittelt eine Fahrt durch die Reisfelder der Lomellina, die gegen Ende April geflutet werden und dann bis zum Juli unter Wasser stehen; geerntet wird im September. Auf dem Schlemmerfest *Sagra del Riso* Mitte Juni in Sannazzaro de' Burgondi probiert man sich durch zahlreiche Reisrezepte durch. Einige Reisbauern bieten Direktverkauf an, z. B. die *Azienda Agricola Zerbi (Via Roma 67 | www.risozerbi.it)* im Dorf *Pieve Albignola*, wo Sie den erstklassigen Risottoreis der Sorte Carnaroli bekommen. Und in *Mortara* können Sie in der *Gänseschlachterei Corte dell'Oca Palestro (Via Francesco I Sforza 27 | www.cortedelloca.com)* erstklassige Salami und Schinken aus Gänsefleisch kaufen.

OLTREPÒ PAVESE **(140 B–C 5–6)**
Jenseits („oltre") von Po, Ticino und Autobahn beginnt 20 km südlich bei Stradella das Hügel- und Rebenland des Oltrepò Pavese. Eines der Weinzentren ist *Santa Maria della Versa* 11 km südlich von Stradella. Kurz vor dem Ort liegt an der Provinzstraße SP45 die *Trattoria Mondo Piccolo (Mo geschl. | Ortsteil Ca' Nova-Sannazzaro | Tel. 0 38 57 91 69 | €)*: eine extrem schlichte „kleine Welt", doch auf den Tellern überraschen erstklassige Schinken, Risotto mit Brennnesseln, superbes Fleisch und hausgemachte Süßspeisen, der Wein kommt aus den nahen Kellereien.

VIGEVANO ★ **(140 B4)**
Schuhe und ein berühmter Platz: diese beiden Wahrzeichen der Stadt (63 500 Ew.), wie Pavia ebenfalls am Ticino gelegen, wollen einfach nicht zusammenpassen. In dem edlen Schuhwerk, das in hiesigen Betrieben hergestellt wird, spürt man jeden Flusskiesel, mit dem die riesige *Piazza Ducale* gepflastert ist. Italien ist ja nicht arm an schönen Plätzen, aber dieser hier, ein von Renaissancearkaden gesäumtes Rechteck, gehört unbestritten zu den schönsten. 1494 ließ ihn Herzog Ludovico il Moro aus der Mailänder Sforza-Familie als festlich-eleganten Vorhof für seine Burg anlegen. 200 Jahre später entstand der Dom auf der gegenüberliegenden Seite des Platzes, damit wurde seine Ausrichtung gleichsam „gedreht". Seiner Schönheit – am allerschönsten zu jeder Tageszeit, ob zum Frühstücks-Cappuccino oder zum abendlichen Aperitif – tut das keinen Abbruch. Durch die Anlagen der riesigen *Sforza-Burg* kann man täglich spazieren, den *Turm (Di–So 10.30–12.30, Sa/So auch 14–17 Uhr | 1,50 Euro)* mit schöner Aussicht besteigen.
Wunderbare Brokatseidenschühchen aus der Renaissance, Highheels für Marylin Monroe oder kultige Manolo Blahniks für die Sex-and-the-City-Heldinnen zeigt das Schuhmuseum ● *Museo Internazionale della Calzatura (Di–Fr 14–17.30, Sa/So 10–18 Uhr | Eintritt frei | Piazza Ducale 20)* in der Burg.

Eine reiche Auswahl an guten Weinen, zu denen man mittags, zum Aperitif und abends Käse- und Aufschnittplatten bekommt, bietet das moderne, ansprechende Weinlokal *Vespolina (Sa- und So-Mittag, Mo geschl. | Via Cairoli 10 | Tel. 03 81 68 12 85 | €€)* im Zentrum. Auskunft: *Via Cesare Battisti 6 | Tel. 03 81 69 02 69 | www.iatprolocovigevano.it*

VALTELLINA

(141 D1) **Am Wochenende flüchten die Städter aus Mailand, Brescia oder Bergamo in die Tallandschaft Valtellina**.
Das lange Tal erstreckt sich vom oberen Comer See aus am Fluss Adda entlang gen Osten, zieht sich unterhalb des Berninamassivs weiter bis hoch hinauf zum Stilfser Joch. In den Seitentälern wird im Sommer gewandert und im Winter kommt man zum Skifahren. Nach dem Workout auf waghalsigen MTB-Trails lädt man seine Energien mit köstlichen Pizzocheri aus Buchweizenmehl wieder auf. Dazu schmecken der luftgetrocknete Schinken Bresaola und Rote wie Sassella oder Sforzato von den hiesigen Weinbergen. Der Provinzhauptort ist *Sondrio* (21 600 Ew., 307 m) im mittleren Teil des Tals. Hier gibt das *Museo Valtellinese (Di–Fr 9–12 und 15–18, Sa/So 15–18 Uhr | 6 Euro | Via Maurizio Quadrio 27)* interessante Einblicke zu Geschichte und Kunstschaffen. Auch beim Bummel durch den Stadtteil Scarpatetti lässt sich noch das alte Sondrio erspüren. Was man alles im Tal unternehmen kann, erfahren Sie im *Ufficio Turistico (Via Tonale 13 | Tel. 03 42 21 92 46 | www.valtellina.it)*. Zu den Spezialitäten des Veltlins zählt der Almkäse *Bitto Storico* aus dem Seitental Val Gerola, das bei Morbegno gen Süden abzweigt. Sie können ihn zu einem guten Glas Wein im *Centro del Bitto (Via Nazionale 1 | Tel. 03 42 69 00 81 | www.formaggiobitto.com)* im hübschen Bergort *Gerola Alta* probieren. In *Morbegno* selbst findet sich die Kultadresse zur Küche der Valtellina mit einer Auswahl guter Bioweine, die *Osteria del Crotto (So-Abend und Mo-Mittag geschl. | Via Pedemontana 22 | Tel. 03 42 61 48 00 | www.osteriadelcrotto.it | €€)*.
Viele Agritourismusbetriebe bieten sich für einen naturnahen Urlaub an, z. B. in *Mantello* das Landgut *La Fiorida (29 Zi. | Via Lungo Adda | Tel. 03 42 68 08 46 | www.lafiorida.com | €€–€€€)* in moderner Bioarchitektur mit Spabereich und guter Küche mit eigenen Produkten. In den Thermalquellen *Bagni Vecchi (www.qcterme.com/it/bormio)* in *Bormio* (4000 Ew., 1225 m) in der oberen Valtellina entspannten sich schon die alten Römer; heute liegt man in dampfenden Becken inmitten idyllischer Bergkulisse und lässt sich in komfortablen Thermalhotels verwöhnen. Noch weiter oben kosten viele Dinge weniger als anderswo, Sie sind im zollfreien *Livigno* (1816 m). In der kalten Höhe liegt Schnee bis ins Frühjahr hinein, dazu gibt es tolle Pisten *(www.carosello3000.com)*, Skimarathons, Snowpartys, Freeride Events *(www.livigno.eu)*.

VARESE

(140 A2) **Hübsch ist es hier in Varese, mit Gartenanlagen und reizenden Villen aus der Jahrhundertwende.**
Ihr Geld verdienen die Stadt (80 600 Einw.) und ihre Provinz mit Hightech, Luftfahrtelektronik, Haushaltsgeräten, Textilien. In einem großen Park liegt der prächtige barocke *Palazzo Estense* (heute Rathaus) sowie die Villa Mirabello mit dem archäologischen *Civico Museo di Villa Mirabello (Di–So 9.30–12.30 und 14–18 Uhr | 4 Euro)*. Im Ortsteil Biumo hat einer der größten Kunst-

Wenn das nicht erholsam ist: Aus dem dampfenden Becken der Bagni Vecchi auf Berge gucken

sammler Italiens, Giuseppe Panza di Biumo, seine INSIDER TIPP *Villa Menafoglio Litta Panza di Biumo (Di–So 10–18 Uhr | 13 Euro | Piazza Litta 1)* aus der Barockzeit mit einem herrlichen Garten dem FAI *(www.fondoambiente.it)*, Italiens größtem privatem Denkmalschutzverein, geschenkt und so der Öffentlichkeit zugänglich gemacht. Sie zeigt Werke vor allem von amerikanischen Künstlern der Minimal, Concept- und Land-Art. Dazu gibt es das Gourmetrestaurant *Luce (tgl. | Tel. 03 32 24 21 99 | ristoranteluce.it | €€–€€€)* mit hinreißender Parkterrasse.

Oberhalb liegt der barocke Marienwallfahrtsort *Santa Maria del Monte* mit einer INSIDER TIPP *Via Sacra (www.sacromonte.it)* aus 15 mit Figuren und Fresken ausgeschmückten Kapellen, die die Geschichte von Jesus Christus erzählen. Diese „heiligen Berge" waren im 16. und 17. Jh. typisch in Norditalien als Propagandainstrumente der Gegenreformation; heute stehen sie auf der Unesco-Welterbeliste. Traditionelle Küche mit phantasiereichen Variationen bekommen Sie in der rustikal-schicken *Vecchia Trattoria della Pesa (tgl. | Via Carlo Cattaneo 14 | Tel. 03 32 28 70 70 | www.daannetta.it | €€)*. Auskunft: *Piazza Monte Grappa | Tel. 03 32 28 19 13 | www.vareselandoftourism.com*

ZIELE IN DER UMGEBUNG

COMER SEE (LAGO DI COMO) (140 B–C 1–2)

Der Lago di Como füllt ein vom Klima verwöhntes Voralpenbecken. Der Lario, wie er nach dem alten römischen Namen auch genannt wird, mit seiner typischen Form, einem auf den Kopf gestellten Ypsilon, bildet eine der ganz großen Naturschönheiten der Lombardei. Über ihn informiert ausführlich der MARCO POLO Band „Oberitalienische Seen".

LAGO MAGGIORE (140 A2)

Der mit 65 km Ausdehnung längste See Italiens wird vom Ticino gespeist. Anders als am Gardasee, gehört der Lombardei am Lago Maggiore das „ärmere" Ostufer, während der Norden zum Schweizer Kanton Tessin und das Westufer zur Region Piemont gehört. Ausführliche Informationen finden Sie in den MARCO POLO Bänden „Oberitalienische Seen" und „Tessin", sehr hilfreich ist auch die Website *www.derlagomaggiore.de.*

EVENTS, FESTE & MEHR

EVENTS & NEWS

→ S. 2/3

FESTE & VERANSTALTUNGEN

6. JANUAR

Umzug vom Dom nach Sant'Eustorgio, wo Reliquien der Heiligen Drei Könige aufbewahrt werden.

JANUAR/FEBRUAR

Mitte Januar und Mitte Februar finden die Modewochen ***Milano Moda Uomo*** und ***Milano Moda Donna*** ihren Höhepunkt mit den Defilees für die kommende Herren- bzw. Damenmode.

FEBRUAR

Im ***Karneval,*** der nach ambrosianischem Ritus bis zum Samstag nach Fastnacht dauert, kostümieren sich besonders die Kinder. An diesem Samstag wird ein Umzug in historischen Gewändern rund um den Domplatz veranstaltet.

MÄRZ

Ein Sonntag Mitte des Monats: Blumenfest ***Tredesin de Marz*** mit Blumenmarkt um den Piazzale Lodi und die Porta Romana in Erinnerung an die Ankunft des Christentums in Mailand.

Am letzten Wochenende finden sich 50 000 und mehr Teilnehmer zum ***Marathonlauf Stramilano.***

Meist Ende März INSIDER TIPP ***Giornate del FAI:*** Nicht öffentliche Kirchen und Paläste werden ausnahmsweise geöffnet.

APRIL

In der ersten Aprilhälfte zeigt die wichtige Kunstmesse ***Miart*** *(www.miart.it)* Modernes und Zeitgenössisches, dazu viele Events in der ganzen Stadt.

Mitte April kommen Designer aus aller Welt zur Möbelmesse ***Salone Internazionale del Mobile,*** auf der Möbel und Accessoires aller Art ausgestellt werden. Der gleichzeitige ***Fuorisalone,*** bei dem sich Events und Schauen von Designern über die ganze Stadt verteilen, zieht fast noch mehr Besucher an.

Am letzten Samstag im April startet der ***Radklassiker Mailand–San Remo.***

MAI

Mitte des Monats: ***Arte sul Naviglio*** – Künstler stellen ihre Werke am Ufer des Naviglio Grande sowie in den Galerien aus.

Beim Klavierfestival ***Piano City Milano*** *(www.pianocitymilano.it)* um das dritte Maiwochenende bringen für drei Tage Konzerte in Parks, Innenhöfen, Kreuzgängen, Palazzi und auf Industriegeländen und Bahnhöfen die Stadt zum Klingen.

JUNI

Am ersten Sonntag breitet sich die ***Festa dei Navigli,*** ein Fest mit Verkaufsständen aller Art, längs des Naviglio Grande und Naviglio Pavese aus.

Festa dei Balon in Abbiategrasso vor den Toren Mailands am Naviglio Grande mit großem Feuer, reichlich Risotto und Wein

JULI/AUGUST

Während der Ferien organisiert die Stadt ***Freiluftveranstaltungen*** (Kino und Musik) in Innenhöfen, auf Plätzen und in Parks.

SEPTEMBER

MI-TO: ein Festival ungewöhnlicher Konzerte an ausgefallenen Orten in Mailand und Turin. *www.mitosettembremusica.it*

Le Vie del Cinema: alle Filme der Festspiele von Venedig, Locarno und Cannes

Anfang des Monats fällt die Formel-1-Welt mit Motorgeheul und Ferraris zum ***Großen Preis von Italien*** in Monza ein.

Zum Monatsende hält die neue Frühlings- und Sommermode auf der Messe ***Milano Moda Donna*** die Stadt in Atem.

ENDE OKTOBER–ENDE NOVEMBER

Neue Musikklänge gibt es beim Festival ***Milano Musica*** *(www.milanomusica.org)* in Museen, Theatern und Galerien zu hören; ebenso jede Menge Konzerte zum Festival ***Jazzmi*** *(www.jazzmi.it)*.

7. DEZEMBER

Spielzeiteröffnung der Scala am Ambrosiustag mit einer ***Galapremiere***; das Volk drängt sich um die Buden, die für das Fest INSIDER TIPP ***Oh Bej oh Bej*** rund um Sant'Ambrogio aufgebaut sind.

FEIERTAGE

1. Jan.	*Capodanno*
6. Jan.	*Epifania*
März/April	*Pasquetta* (Ostermontag)
25. April	*Liberazione* (Befreiung vom Faschismus)
1. Mai	*Festa del Lavoro*
2. Juni	*Giorno della Repubblica* (Tag der Republik)
15. Aug.	*Ferragosto*
1. Nov.	*Ognissanti*
7. Dez.	*Sant'Ambrogio* (Tag des Stadtpatrons)
8. Dez.	*Immacolata Concezione* (Mariä Empfängnis)
25. Dez.	*Natale*
26. Dez.	*Santo Stefano*

LINKS, BLOGS, APPS & CO.

LINKS & BLOGS

www.hellomilano.it Das Onlinemagazin der englischsprachigen Community in Mailand veröffentlicht ausführliche Infos zu Veranstaltungen, Ausstellungen, Stadtführungen usw. Ganz ähnlich ist *www.wheremilan.com*

www.marcopolo.de/mailand Ihr Online-Reiseführer mit allen wichtigen Informationen, Highlights und Tipps, interaktivem Routenplaner, spannenden News & Reportagen sowie inspirierenden Fotogalerien

milano.mentelocale.it Der Webauftritt des Stadtmagazins überzeugt mit aktuellen Kulturevents, Trends, Festivals, Vorstellungen von Sehenswürdigkeiten, Restaurants, Kneipen, Bars, Eiscafés, Ausgehspots ...

www.facebook.com/MilanFansDeutsch Informative Facebookseite von und für Fans des AC Milan auf Deutsch

www.theblondesalad.com In ihrem Online-Lifestyle-Magazin veröffentlicht Italiens berühmteste Fashionbloggerin, Chiara Ferragni aus Mailand, ihre täglichen Outfits und was sie und ihre Mitstreiter so auf Schauen, beim Schauen und in den Boutiquen zusammensammeln

www.thesartorialist.com Fotograf und Blogger Scott Schuman hat einen einzigartigen Blick für Streetstyle: Er findet immer wieder tolle Typen in den Straßen von Mailand

www.thechicfish.com Die Designerin Anna Carbone und der Fotograf Giovanni Gennari stellten hier bis Ende 2016 ihre Vorliebe für charmant-morbiden Retro- und Vintagestil vor und was sie dazu vornehmlich in Mailand an Mode, Lokalen, Orten, Läden, Events, Bildern ausfindig machten: das Archiv ist nach wie vor eine Fundgrube!

www.italiangoodnews.com Die Mission dieser Kommunikationsagentur

Egal, ob für Ihre Reisevorbereitung oder vor Ort: Diese Adressen bereichern Ihren Urlaub. Da manche sehr lang sind, führt Sie der short.travel-Code direkt auf die beschriebenen Websites. Falls bei der Eingabe der Codes eine Fehlermeldung erscheint, könnte das an Ihren Einstellungen zum anonymen Surfen liegen

ist es, auch mal Gutes aus Italien zu berichten, etwa davon, was sich in der italienischen Start-up-Szene tut

@uccellina03 Auf Instagram postet eine junge, in Mailand lebende Engländerin die schöne Bilderausbeute ihrer Streifzüge durch die Stadt

www.fashion-crowd.blogspot.com Ein Mailänder Artdirector hat in diesem Blog die *secret places* seiner Freunde und Kollegen aus der Modebranche zusammengestellt: Das Blogarchiv ist eine Fundgrube an schönen Restaurants, Beautyadressen usw. zu Mailand und der Welt

www.bikedistrict.org Für alle, die mit dem (Leih-)Rad in Mailand unterwegs sein wollen, ist ein Besuch auf den Seiten dieser Community Pflicht. INSIDER TIPP Genial: ein interaktiver Routenplaner für Radfahrten durch Mailand auf Englisch, der sogar metergenau über Wegbeschaffenheit etc. informiert

VIDEOS & MUSIK

short.travel/mai1 Der wunderbare Fünf-Minuten-Clip „Italia ed Europa" des Comiczeichners und Zeichentrickfilmers Bruno Bozzetto

short.travel/mai3 Ein virtueller Bummel durch die Stadt, den die weibliche Version des berühmten Schlagers „L'Italiano" von Toto Cutugno begleitet

short.travel/mai2 Eine elegische Folge aus Mailandbildern: Straßenszenen, Sehenswürdigkeiten, Menschen – ein schöner Eindruck von der Stadt

APPS

Milano Metro Diese App mit vielen Funktionen hilft Ihnen, sich in Mailands Metronetz zurechtzufinden, und zeigt Ihnen stets die nächste U-Bahn-Station an

Spotted by Locals – Milan Local's Tips Die clevere App leitet Sie abseits der ausgetretenen Pfade an die Lieblingsplätze der *milanesi*

citymapper.com/milano Eine App auch auf Deutsch, die einem blitzschnell und einfach jede gewünschte Metro-, Bus- und Tramverbindung in Mailand zusammenstellt

info.openwifimilano.it Über diese Internetseite loggen Sie sich ins freie Wlan-Netz der Stadt ein

PRAKTISCHE HINWEISE

ANREISE

Mailand ist bequem über die Autobahn zu erreichen: von München über die Brennerautobahn und Verona (585 km) oder (dann nicht durchgehend Autobahn) über Bregenz, Chur (Tunnel San Bernardino), Chiasso (490 km); von Basel über Luzern (Gotthardtunnel) und Chiasso (350 km); von Wien über Villach (Tauerntunnel), Tarvis, Padua, Verona (820 km). Um Mailand herum verlaufen mehrere stark befahrene Umgehungsautobahnen *(tangenziali)* mit rund zwei Dutzend Ausfahrten zu den einzelnen Stadtteilen oder ins Zentrum.

Verbindungen mit Mailand bestehen von München über den Brenner (mit Eurocity, Umsteigen in Verona), von Basel über Chiasso und Como sowie von Wien über Tarvis. Erkundigen Sie sich nach dem „Europa-Spezial"-Preis der DB. Informationen u. a. über *www.bahn.de, www.oebb.at, www.sbb.ch* und *www.trenitalia.com.*

Auch mit Fernbussen wie Eurolines oder Flixbus gelangen Sie aus einem dichten Netz von Abfahrtsorten recht preiswert nach Mailand: *www.eurolines.de, www.flixbus.de.*

Internationale Flüge landen meist auf dem Großflughafen Milano-Malpensa 50 km nordwestlich der Stadt, gelegentlich wird auch Milano-Linate (sonst vor allem für inneritalienische Flüge) angeflogen. Billiganbieter wie Ryanair nutzen den kleinen Flughafen Orio al Serio bei Bergamo, Il Caravaggio genannt. Auskunft für Linate und Malpensa: *Tel. 02 23 23 23 | www.sea-aeroportimilano.it,* für Orio al Serio: *Tel. 0 35 32 63 23 | www.sacbo.it.*
Linate und Malpensa sind durch einen Direktbus („Terravision" bzw. „Malpensa Shuttle") mit der Stazione Centrale verbunden. Linate: Busterminal am Bahnhof auf der Seite der Piazza Luigi di Savoia, ca. alle 30 Min. zwischen 6 und 23 Uhr, Fahrzeit 25 Min., 5 Euro pro Strecke, Tickets an Bord; oder mit dem ATM-Linienbus Nr. 73 vom Corso Europa (Piazza San Babila) zwischen 5.30 und 0.20 Uhr. Malpensa: Busterminal Piazza Luigi di Savoia, zwei Linien, alle 10–20 Min. zwischen 3.45 und 0.30 Uhr, Fahrzeit je nach Verkehr rund 60 Min., 10 Euro, *www.malpensashuttle.it, www.terravision.eu* bzw. *www.autostradale.it;* oder mit dem

GRÜN & FAIR REISEN

Auf Reisen können auch Sie viel bewirken. Behalten Sie nicht nur die CO_2-Bilanz für Hin- und Rückreise im Hinterkopf *(www.atmosfair.de; de.myclimate.org)* – etwa indem Sie Ihre Route umweltgerecht planen *(www.routerank.com)* – , sondern achten Sie auch Natur und Kultur im Reiseland *(www.gate-tourismus.de; www.ecotrans.de)*. Gerade als Tourist ist es wichtig, auf Aspekte wie Naturschutz *(www.nabu.de; www.wwf.de)*, regionale Produkte, wenig Autofahren, Wassersparen und vieles mehr zu achten. Wenn Sie mehr über ökologischen Tourismus erfahren wollen: europaweit *www.oete.de*; weltweit *www.germanwatch.org*

Von Anreise bis Zoll

Urlaub von Anfang bis Ende: die wichtigsten Adressen und Informationen für Ihre Mailandreise

Vorortzug Malpensa-Express *(www.malpensaexpress.it)* von der Stazione Nord (Cadorna) mit Halt am Hauptbahnhof und an der Stazione Porta Garibaldi alle 30 (in Spitzenzeiten alle 20) Min. zwischen 5.50 Uhr und 23 Uhr, Fahrzeit ca. 50 Min., 13 Euro. Orio al Serio: Busse von und nach Mailand (Stazione Centrale) zwischen 4 und 23 Uhr, Fahrzeit bis zu 50 Min., 4 Euro, *www.orioshuttle.com, www.autostradale.it.*

AUSKUNFT

ITALIENISCHE ZENTRALE FÜR TOURISMUS ENIT

– Barckhausstr. 10 | 60325 Frankfurt | Tel. 069 23 74 34 | www.enit.de
– Mariahilfer Str. 1b | 1060 Wien | Tel. 01 5 05 16 39 | www.enit.it
– www.italia.it

AUSKUNFT IN MAILAND

Der Hauptsitz ist das *Urban Center* **(131 D3)** *(K4–5)* *(tgl. 9–19, Sa/So bis 18 Uhr | Galleria Vittorio Emanuele II/ Piazza della Scala | Tel. 02 88 45 55 55 | www.turismo.milano.it)* nennt sich die Touristeninformation in der Innenstadt, wo Sie auch die *Milano Card (7 Euro (24 Std.), 13 Euro (48 Std.), 19 Euro (72 Std.) | www.milanocard.it)* kaufen können, die Preisnachlässe in einigen Museen bzw. Konzerten sowie freie Fahrt mit den öffentlichen Verkehrsmitteln bietet.

AUSKUNFT IM INTERNET

Erste wichtige Infos (italienisch/englisch) findet man unter *www.turismo.milano.it*: das Portal der Città Metropolitana Milano bietet viele Informationen, aktuelle Veranstaltungskalender und Apps. Das Portal *www.in-lombardia.de* deckt auf Deutsch die gesamte Region ab. Infos gibt es auch auf den kommerziellen Websites *www.milanofree.it* und *www.ciaomilano.it(auf Englisch).* Einen guten Überblick über Highlights und Veranstaltungen geben *www.milano24ore.de; www.wheremilan.com* (Englisch) und (nur Italienisch) *vivimilano.corriere.it.*

WAS KOSTET WIE VIEL?

Espresso	**um 1,20 Euro** *für eine Tasse am Tresen*
Wein	**ab 3 Euro** *für 0,25 l offenen Wein*
Imbiss	**ab 4 Euro** *für ein belegtes panino*
Ausstellung	**ab 5 Euro** *für den Eintritt*
Metro	**1,50 Euro** *für eine Fahrt*
Schuhe	**ab 220 Euro** *für ein Paar handgefertigte Herrenschuhe*

AUTO

Außerhalb geschlossener Ortschaften ist auch tagsüber Abblendlicht vorgeschrieben. Bei Pannen außerhalb von Ortschaften ist beim Verlassen des Fahrzeugs das Tragen einer Warnweste Pflicht. Höchstgeschwindigkeit: auf Autobahnen 130, auf Schnellstraßen 110, auf Landstraßen 90, im Ortsverkehr 50 km/h. Die Promillegrenze liegt bei 0,5. Die Mailänder Innenstadt ist Mo–Sa 7.30–19.30 (Do nur bis 18) Uhr innerhalb der Ringstraßen Cerchia dei Bastoni als Umweltzone ausgeschrieben („Area C"), sämtliche Schadstoffklassen für Benziner ab Euro 1 und für Dieselfahrzeuge ab Euro 4 benötigen für die Zufahrt einen *Ecopass (5 Euro/ Tag)*. Den verkaufen z. B. Tabakgeschäfte, Zeitungskioske, ATM-Schalter, Kassen der innerstädtischen Parkhäuser. Der City-Maut-Nachweis muss sichtbar im Auto ausliegen. Infos unter *www.comune.milano.it/wps/portal/ist/en/area_c*. Blau gekennzeichnete Parkzonen sind gebührenpflichtig (3 Euro/Std., 2 Std. max.), den Parkschein *(gratta sosta)* gibt es beim Parkwächter, an Automaten, im Tabakladen. Weiße Zonen sind für Anwohner mit Parkausweis reserviert. Tagesbesucher parken besser außerhalb der Area C oder am Stadtrand auf einem der Parkplätze bei Metrostationen – u. a. Lampugnano, Cascina Gobba, Famagosta, San Donato, Rogoredo. Genaue Informationen zu der City-Maut, auch Congestion Charge genannt, den Parkplätzen wie Lage, Adressen, Preise, Anbindung an öffentliche Verkehrsmittel hat (auch auf Englisch) die Website der städtischen Verkehrsbetriebe: *www.atm-mi.it*. Eine gute App für die richtige Metro oder Straßenbahn: *citymapper.com/milano*.

CAMPING

Am westlichen Stadtrand gibt es einen einfachen Campingplatz, wo man auch in Bungalows übernachten kann. Wohnwagen und Zelte finden unter Bäumen ihren Platz – im Sommer allerdings sehr mückenträchtig. Der Platz wirbt mit seiner Nähe zur Messe und zum von Juni bis Anfang September geöffneten Gardaland Waterpark. *Camping Village Città di Milano* **(0)** *(*🕮 *0) (Via Gaetano Airaghi 61 | Tel. 02 48 20 70 17 | www.campingmilano.it | Metro 1 De Angeli, dann Bus 72)*

DIPLOMATISCHE VERTRETUNGEN

DEUTSCHES GENERALKONSULAT
(134 A4) *(*🕮 *K3) Via Solferino 40 | Tel. 0 26 23 11 01 | Metro 2 Moscova*

ÖSTERREICHISCHES GENERALKONSULAT
(131 E3) *(*🕮 *K5) Piazza del Liberty 8/4 | Tel. 02 78 07 80 | Metro 1 San Babila*

SCHWEIZER GENERALKONSULAT
(131 F1) *(*🕮 *L3–4) Via Palestro 2 | Tel. 0 27 77 91 61 | Metro 3 Turati*

FIT IN THE CITY

Zwei beliebte Laufrouten erstrecken sich im Nordwesten der Stadt: der Stadtwald *Bosco in Città* und der große *Parco di Trenno*, beide mit dem Bus 72 bzw. über die Ausfallstraße Via Novara zu erreichen. Eine ausgiebige Radtour ins Grüne ermöglicht die *pista ciclabile*, die im Nordosten über Via Melchiorre Gioia, Via Emilio de Marchi, Via Padova am Naviglio Martesana entlang hinausführt Richtung Vimodrone und nach Cassano d'Adda (hin und zurück 60 km, *www.bicimilano.it)*. Im Sommer geht es zum Schwimmen, Surfen, Paddeln, Segeln usw. zum künstlichen See *Idroscalo* beim Flughafen Linate. Über die Stadt verteilen sich ein Dutzend Fitnesszentren der Kette *Get Fit (www.getfit.it)*.

FAHRRÄDER

Die Stadt hat ein praktisches Netz von Mietfahrrädern aufgespannt. In der Innenstadt findet sich alle paar Hundert Meter eine Station, wo Sie eines der 1500 robusten, orangefarbenen Räder ausleihen bzw. zurückgeben können. Ein Tag kostet 2,50 Euro Grundgebühr. Die erste halbe Stunde ist damit frei, jede weitere kostet 50 Cent. Informationen und Anmeldung: *Tel. 800808181 | www.bikemi.com* oder beim ATM-Point, der Infostelle der Mailänder Verkehrsbetriebe in der Metrostation unterhalb des Domplatzes (mit recht hoher Kreditkarten-Kaution). Wem das zu kompliziert ist, der kann sich ein Rad stunden- oder tageweise im Fahrradgeschäft *Rossignoli* **(133 F4)** *(🗺 J3) (Corso Garibaldi 71)* mitten im Zentrum oder bei *Bike Rental (Piazza Sempione 6 | www.2cicli.com)* am Arco della Pace mieten. Die urbane Radfahrerszene trifft sich im Bikecafé **INSIDER TIPP** *Upcycle* **(0)** *(🗺 O2) (So-Abend und Mo-Abend geschl. | Via André-Marie Ampère 59 | www.upcyclecafe.it)*, Routen kalkuliert man mit *www.bikedistrict.org* (auch auf Englisch).

GESUNDHEIT

In Notfällen wendet man sich an die Ambulanzen *(Pronto Soccorso oder Guardia Medica: Tel. 800103103 oder 118)* der Krankenhäuser, wo Sie unbürokratisch und kostenlos behandelt werden – z. B. im Zentrum: *Ospedale Fatebenefratelli* **(134 A3)** *(🗺 K2) (Corso di Porta Nuova 23)*. Nachtapotheken: z. B. *Piazza del Duomo 1* und im Hauptbahnhof.

INTERNETZUGANG & WLAN

In der Innenstadt – an Bahnhöfen, bei einigen öffentlichen Gebäuden, auf Plätzen, bei Kultureinrichtungen – kommen Sie vielerorts gratis ins Netz: Registrierung auf *info.openwifimilano.it* oder bei einem ATM-Schalter. Viele Cafés bieten gratis *wifi* und auch in den meisten Hotels bekommt man ein Passwort kostenlos an der Rezeption.

MEDIEN

In Mailand, der größten Zeitungsstadt Italiens, erscheint fast ein Dutzend Tageszeitungen (davon eine Sport- und drei Wirtschaftszeitungen). Wichtig für Besucher wegen der täglichen Veranstaltungshinweise sind vor allem der „Corriere della Sera" (Wochenübersicht und Tipps jeden Mi in „Vivi Milano") und „La Repubblica" („Tutto Milano" jeden Do). Das italienische Fernsehen ist durch die öffentlich-rechtlichen Sender der RAI, die private Mediaset (Berlusconi) und La 7 (ebenfalls privat) geprägt. Regional gibt es eine Vielzahl von kleineren Sendern.

MIETWAGEN

An den Flughäfen oder an der Stazione Centrale haben mehrere Verleiher Niederlassungen. Ein Kleinwagen kostet ab etwa 60 Euro pro Tag, ein Auto der Kompaktklasse bekommen Sie ab 160 Euro für ein Wochenende.

NOTRUF

Gebührenfreier Notruf für Polizei und Rettungsdienst *Tel. 112,* Pannendienst *Tel. 803116* oder *Tel. 80011680 0.*

ÖFFENTLICHE VERKEHRSMITTEL

Der Einzahlfahrschein *(biglietto ordinario)*, erhältlich bei den meisten Kiosken, Tabakläden und an Automaten in den Metrostationen, kostet im Stadtgebiet

1,50 Euro und ist 90 Minuten ab der Entwertung gültig, wobei Tram und Busse beliebig oft in alle Richtungen benutzt werden dürfen, die Metro allerdings nur für eine Fahrt (Umsteigen möglich). Wer also nach einer Bus- oder Tramfahrt die Metro benutzen möchte, muss seinen Fahrschein am Metroeingang erneut entwerten. Eine 24-Stunden-Tageskarte *(biglietto giornaliero)* für alle Verkehrsmittel kostet 4,50 Euro, für 48 Stunden 8,25 Euro. Die Karten mit Magnetstreifen zieht man einfach jedes Mal durch den Entwerter am Drehkreuz bzw. in Bussen und Trambahnen. Bei Redaktiosschluss war eine Tariferhöhung geplant. Informationen unter *www.atm-mi.it* und bei den ATM-Points *(Mo–Sa 7.45–20.15 Uhr)* an den großen Metrostationen. Hier erfährt man auch, welche Busse die ganze Nacht über fahren. Von der Website der Mailänder Verkehrsbetriebe lassen sich gut gemachte Apps (auch auf Englisch) herunterladen, mit denen man sich seine Verbindungen heraussuchen kann: *www.atm-mi.it/mobile/Pagine/default.aspx*. An der vierten und fünften U-Bahn-Linie wird fieberhaft gebaut, bald werden die ersten Streckenabschnitte eröffnet. Neben den U-Bahn- gibt es auch einige S-Bahn-Linien, die das weitläufige Stadtgebiet erschließen.

Busse ins Umland, in andere italienische Städte und ins Ausland starten am Busterminal an der *Metrostation Lampugnano* **((0)** *(🕮 B1) | Metro 1 | Fahrpläne: www.autostradale.com)*. Regionalzüge *(www.trenord.it)* verbinden die Orte in der Lombardei untereinander.

POST

Briefmarken (Porto bei Redaktionsschluss 1 Euro für Standardbriefe und Ansichtskarten nach EU-Europa und in die Schweiz) erhält man auch in vielen Tabakläden.

REISEZEIT

Mailand hat ein kontinentales Klima mit feuchtkalten Wintern und warmen Sommern. Zwar wird es im Schutz des Alpenkranzes selten bitterkalt, doch macht die Feuchtigkeit der Poebene die Winter oft klamm und die Sommer phasenweise drückend schwül (Mücken!). Auch begünstigt das Smogbildung und den häufigen Nebel. Aber keine Sorge: Es gibt in Mailand auch strahlend blaue Tage. Die besten Reisezeiten sind der Frühling und der Spätsommer bzw. Frühherbst. Die vielen Messen und die Mode- bzw. Designwochen treiben die Hotelpreise an den entsprechenden Tagen hoch (Messetermine auf *www.fieramilano.it*).

STADTRUNDFAHRTEN

Busrundfahrten von *City Sightseeing Milano* **(130 B2)** *(🕮 J4) (Sommer tgl. 9.30–17.25 Uhr ca. alle 30 Min., Winter 10–16.15 alle 75 Min. ab Piazza Castello | 25 Euro/48 Std. | www.milano.city-sightseeing.it)* mit Kommentar auch auf Deutsch dauern 90 Minuten, können aber nach dem Hop-on-hop-off-Prinzip unterbrochen werden.

Auf den Tourismuswebsites *www.turismo.milano.it*, *www.wheremilan.com*, *www.milano24ore.de* oder *www.aboutmilan.com* finden sich unter Guided Tours viele Angebote für geführte Besichtigungen durch mehrsprachige Stadtführer zu besonderen Events, Aussstellungen und Themen. Geführte Touren auf Segways bietet *www.segwaytourmilan.com (Via Rovello 1a)*. Lohnend, sympathisch und nicht zu teuer sind die vierstündigen, englischsprachig geführten Fahrradtouren durch die Stadt mit *www.bikeandthecity.it*, *www.bikemymilan.com* und *altervista.org*. Oder Sie cruisen INSIDER TIPP auf eigene Faust mit einer

Mailänder Straßenbahn für 1,50 Euro: viele Innenstadtlinien fahren noch mit den alten Tramwagen von 1930. Oder Sie nehmen die Tram 9, die den Innenstadtring Cerchia dei Bastioni abfährt.

TAXI

Die Mailänder Taxis sind weiß. Starttarif 3,30 Euro, Kilometerpreis ab 1,28 Euro, Aufpreis bei Taxiruf, nach 22 Uhr, sonntags und für Großgepäck. Taxiruf: *Tel. 02 40 00, 02 69 69* oder *02 53 53*

TELEFON & HANDY

Vorwahl Italien: *0039,* dann die vollständige Telefonnummer (mit Null) im Festnetz bzw. die Handynummer (immer ohne Null). Vorwahl von Italien nach Deutschland *0049,* nach Österreich *0043,* in die Schweiz *0041.* Die wenigen Telefonzellen sind meist nur mit einer Telefonkarte *(scheda telefonica,* bei Kiosken und *tabacchi*-Läden*)* zu benutzen. Um die Handy- und Internetkosten so niedrig wie möglich zu halten, sollten Sie sich vor Reiseantritt bei Ihrem Anbieter erkundigen oder die Website *www.teltarif.de/reise* konsultieren.

TRINKGELD

Faustregel: fünf bis zehn Prozent, wenn Sie zufrieden waren. Im Lokal lässt man das Trinkgeld auf dem Tisch liegen, nachdem man das Wechselgeld erhalten hat.

ZOLL

Innerhalb der EU dürfen Waren für den privaten Verbrauch frei ein- und ausgeführt werden. Richtwerte hierfür sind u. a. 800 Zigaretten und 10 l Spirituosen. Für Schweizer gelten erheblich geringere Freimengen.

WETTER IN MAILAND

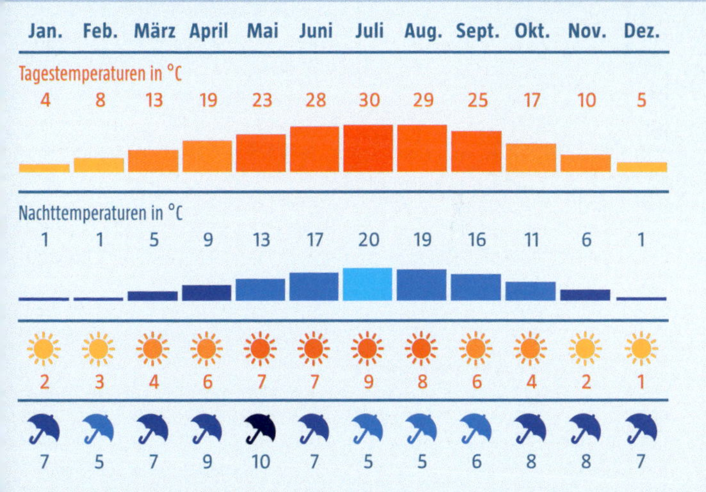

	Jan.	Feb.	März	April	Mai	Juni	Juli	Aug.	Sept.	Okt.	Nov.	Dez.
Tagestemperaturen in °C	4	8	13	19	23	28	30	29	25	17	10	5
Nachttemperaturen in °C	1	1	5	9	13	17	20	19	16	11	6	1
Sonnenschein Stunden/Tag	2	3	4	6	7	7	9	8	6	4	2	1
Niederschlag Tage/Monat	7	5	7	9	10	7	5	5	6	8	8	7

Sonnenschein Stunden/Tag Niederschlag Tage/Monat

SPRACHFÜHRER ITALIENISCH

AUSSPRACHE

c, cc	vor e oder i wie tsch in „deutsch", Bsp.: dieci, sonst wie k
ch, cch	wie k, Bsp.: pacchi, che
g, gg	vor e oder i wie dsch in „Dschungel", Bsp.: gente, sonst wie g
gl	ungefähr wie in „Familie", Bsp.: figlio
gn	wie in „Cognac", Bsp.: bagno
sc	vor e oder i wie deutsches sch, Bsp.: uscita
sch	wie sk in „Skala", Bsp.: Ischia
z	immer stimmhaft wie ds

Ein Akzent steht im Italienischen nur, wenn die letzte Silbe betont wird. In den übrigen Fällen haben wir die Betonung durch einen Punkt unter dem betonten Vokal angegeben.

AUF EINEN BLICK

ja/nein/vielleicht	sì/no/fọrse
bitte/danke	per favọre/grạzie
Entschuldige!/Entschuldigen Sie!	Scụsa!/Scụsi!
Wie bitte?	Cọme dịce?/Prẹgo?
Gute(n) Morgen!/Tag!/Abend!/Nacht!	Buọn giọrno!/Buọn giọrno!/ Buọna sẹra!/Buọna nọtte!
Hallo!/Tschüss!/Auf Wiedersehen!	Ciạo!/Ciạo!/Arrivedẹrci!
Ich heiße ...	Mi chiạmo ...
Wie heißen Sie?/Wie heißt Du?	Cọme si chiạma?/Cọme ti chiạmi?
Ich möchte .../Haben Sie ...?	Vorrẹi .../Avẹte ...?
Wie viel kostet ...?	Quạnto cọsta ...?
Das gefällt mir (nicht).	(Non) mi piạce.
gut/schlecht	buọno/cattịvo
kaputt/funktioniert nicht	guạsto/non funziọna
zu viel/viel/wenig/alles/nichts	trọppo/mọlto/pọco/tụtto/niẹnte
Hilfe!/Achtung!/Vorsicht!	Aiụto!/Attenziọne!/Prudẹnza!
Krankenwagen/Polizei/Feuerwehr	ambulạnza/polizịa/vịgili del fuọco
Verbot/verboten/Gefahr/gefährlich	diviẹto/vietạto/perịcolo/pericolọso

DATUMS- & ZEITANGABEN

Montag/Dienstag	lunedì/martedì
Mittwoch/Donnerstag	mercoledì/giovedì
Freitag/Samstag	venerdì/sạbato

Parli italiano?

„Sprichst du Italienisch?“ Dieser Sprachführer hilft Ihnen, die wichtigsten Wörter und Sätze auf Italienisch zu sagen

Sonntag/Werktag/Feiertag	domẹnica/(giọrno) feriạle/festịvo
heute/morgen/gestern	ọggi/domạni/iẹri
Stunde/Minute/Tag/Nacht	ọra/minụto/giọrno/nọtte
Woche/Monat/Jahr	settimạna/mẹse/ạnno
Wie viel Uhr ist es?	Che ọra è? Che ọre sọno?
Es ist drei Uhr./Es ist halb vier.	Sọno le tre./Sọno le tre e mẹzza.
Viertel vor vier/Viertel nach vier	le quạttro mẹno un quạrto/le quạttro e un quạrto

UNTERWEGS

offen/geschlossen	apẹrto/chiụso
Eingang/Einfahrt/Ausgang/Ausfahrt	entrạta/entrạta/uscịta/uscịta
Abfahrt/Abflug/Ankunft	partẹnza/partẹnza/arrịvo
Toiletten/Damen/Herren	bạgno/signọre/signọri
(kein) Trinkwasser	ạcqua (non) potạbile
Wo ist ...?/Wo sind ...?	Dov'è ...?/Dọve sọno ...?
links/rechts/geradeaus/zurück	sinịstra/dẹstra/drịtto/indiẹtro
nah/weit	vicịno/lontạno
Bus/Straßenbahn/U-Bahn/Taxi	bus/tram/metropolitạna/tạxi
Haltestelle/Taxistand	fermạta/postẹggio tạxi
Parkplatz/Parkhaus	parchẹggio/parchẹggio copẹrto
Stadtplan/(Land-)Karte	piạnta/mạppa
Bahnhof/Hafen/Flughafen	staziọne/pọrto/aeropọrto
Fahrplan/Fahrschein/Zuschlag	orạrio/bigliẹtto/supplemẹnto
einfach/hin und zurück	sọlo andạta/andạta e ritọrno
Zug/Gleis/Bahnsteig	trẹno/binạrio/banchịna
Ich möchte ... mieten.	Vorrẹi noleggiạre ...
ein Auto/ein Fahrrad/ein Boot	ụna mạcchina/ụna biciclẹtta/ụna bạrca
Tankstelle/Benzin/Diesel	distributọre/benzịna/gasọlio
Panne/Werkstatt	guạsto/officịna

ESSEN & TRINKEN

Reservieren Sie uns bitte für heute Abend einen Tisch für vier Personen.	Vorrẹi prenotạre per stasẹra un tavọlo per quạttro persọne.
auf der Terrasse/am Fenster	sụlla terrạzza/vicịno ạlla finẹstra
Die Speisekarte, bitte.	Il menù, per favọre.
Flasche/Karaffe/Glas	bottịglia/carạffa/bicchiẹre
Messer/Gabel/Löffel	coltẹllo/forchẹtta/cucchiạio
Salz/Pfeffer/Zucker	sạle/pẹpe/zụcchero
Essig/Öl/Milch/Sahne/Zitrone	acẹto/ọlio/lạtte/pạnna/limọne

kalt/versalzen/nicht gar	frẹddo/trọppo salạto/non cọtto
mit/ohne Eis/Kohlensäure	con/sẹnza ghiạccio/gas
Vegetarier(in)/Allergie	vegetariạno/vegetariạna/allergịa
Ich möchte zahlen, bitte.	Vorrẹi pagạre, per favọre
Rechnung/Quittung/Trinkgeld	cọnto/ricevụta/ mạncia

EINKAUFEN

Wo finde ich ...?	Dọve pọsso trovạre ...?
Ich möchte .../Ich suche ...	Vorrẹi .../Cẹrco ...
Brennen Sie Fotos auf CD?	Vorrẹi masterizzạre dẹlle fọto su CD?
Apotheke	farmacịa
Bäckerei/Markt	fọrno/mercạto
Einkaufszentrum/Kaufhaus	cẹntro commerciạle/grạnde magazzịno
Lebensmittelgeschäft	negọzio alimentạre
Supermarkt	supermercạto
Fotoartikel/Zeitungsladen	artịcoli per fọto/giornalạio
Kiosk	edịcola
100 Gramm/1 Kilo	un ẹtto/un chịlo
teuer/billig/Preis	cạro/econọmico/prẹzzo
mehr/weniger	di più/di mẹno
aus biologischem Anbau	di agricoltụra biolọgica

ÜBERNACHTEN

Haben Sie noch ...?	Avẹte ancọra ...?
Einzelzimmer/Doppelzimmer	ụna (cạmera) sịngola/ụna dọppia
Frühstück/Halbpension/Vollpension	colaziọne/mẹzza pensiọne/ pensiọne complẹta
Dusche/Bad/Balkon/Terrasse	dọccia/bạgno/balcọne/terrạzza
Schlüssel/Zimmerkarte	chiạve/schẹda magnẹtica
Gepäck/Koffer/Tasche	bagạglio/valịgia/bọrsa

BANKEN & GELD

Bank/Geldautomat/Geheimzahl	bạnca/bancomạt/cọdice segrẹto
bar/Kreditkarte	in contạnti/cạrta di crẹdito
Banknote/Münze/Wechselgeld	banconọta/monẹta/il rẹsto

GESUNDHEIT

Arzt/Zahnarzt/Kinderarzt	mẹdico/dentịsta/pediạtra
Krankenhaus/Notfallpraxis	ospedạle/prọnto soccọrso
Fieber/Schmerzen	fẹbbre/dolọri
Durchfall/Übelkeit/Sonnenbrand	diarrẹa/nạusea/scottatụra solạre
entzündet/verletzt	infiammạto/ferịto

Pflaster/Verband/Salbe/Creme	cerotto/fasciatura/pomata/crema
Schmerzmittel/Tablette/Zäpfchen	antidolorifico/compressa/supposta

TELEKOMMUNIKATION & MEDIEN

Briefmarke/Brief/Postkarte	francobollo/lettera/cartolina
Ich brauche eine Telefonkarte fürs Festnetz.	Mi serve una scheda telefonica per la rete fissa.
Ich suche eine Prepaidkarte für mein Handy.	Cerco una scheda prepagata per il mio cellulare.
Wo finde ich einen Internetzugang?	Dove trovo un accesso internet?
Brauche ich eine spezielle Vorwahl?	Ci vuole un prefisso particolare?
wählen/Verbindung/besetzt	comporre/linea/occupato
Steckdose/Adapter/Ladegerät	presa/riduttore/caricabatterie
Computer/Batterie/Akku	computer/batteria/accumulatore
At-Zeichen(„Klammeraffe")	chiocciola
Internetadresse/E-Mail-Adresse	indirizzo internet/indirizzo email
Internetanschluss/WLAN	collegamento internet/wi-fi
E-Mail/Datei/ausdrucken	email/file/stampare

FREIZEIT, SPORT & STRAND

Strand/Strandbad	spiaggia/stabilimento balneare
Sonnenschirm/Liegestuhl	ombrellone/sdraio
Seilbahn/Sessellift	funivia/seggiovia
(Schutz-)Hütte/Lawine	rifugio/valanga

ZAHLEN

0	zero	17	diciassette
1	uno	18	diciotto
2	due	19	diciannove
3	tre	20	venti
4	quattro	21	ventuno
5	cinque	30	trenta
6	sei	40	quaranta
7	sette	50	cinquanta
8	otto	60	sessanta
9	nove	70	settanta
10	dieci	80	ottanta
11	undici	90	novanta
12	dodici	100	cento
13	tredici	1000	mille
14	quattordici	2000	duemila
15	quindici	½	un mezzo
16	sedici	¼	un quarto

CITYATLAS

Verlauf der Erlebnistour „Perfekt im Überblick"
Verlauf der Erlebnistouren

Der Gesamtverlauf aller Touren ist auch in der herausnehmbaren Faltkarte eingetragen

 Bild: Piazza Cordusio

Unterwegs in Mailand

Die Seiteneinteilung für den Cityatlas finden Sie auf dem hinteren Umschlag dieses Reiseführers

133
Napoleone III
Parco
Sempione
Pal. dell' Arte Triennale
Viale Malta
Gadio
Piazza
Lanza
V. Pontaccio
Tivoli
Nuovo Picc. Teatro
Teatro Studio
Pal. Crivelli
Cav. d. S. Sepolcro
Pinacoteca Museo d'Arte Antica
Castello Sforzesco (Musei Civici)
Roccetta
Castello
Buonaparte
Teatro d. Erbe
Via Mercato
V. Fiori
Chiari
S. Maria del Carm.
P.za Carmine
Pte Vetero
V.le E. Alemagne
V.le Shakespeare
V. E. Zola
Via P. Paleocapa
Via S. Jacini
Studio Mus. A. Castiglioni
Stazione F.S. Nord Milano
P.le L. Cadorna
Cadorna F.N.
Via M. Minghetti
Linea M1
Linea M2
Foro
B. Ricasoli
Cairoli
L.go B. Cairoli
V. Cusani
Via dell' Lauro
San Tomaso
V.dei Bossi
V. Rovello
V.S. Tomaso
Piccolo Teatro
Broletto
Palazzo Clerici
V. V. Monti
Leopardi
Carducci
San Nicolao
Palazzo e Teatro Litta
Ex Teatro Dal Verme
S.M. della Consolazione
V. G. Puccini
Brentano
V. S. G. sul Muro
Porlezza
V.M. Camperio
V. G. Giulini
Via Dante
C.so Magenta
L.go P.d'Ancona
P.za SS. Pietro e Lino
V. Meravigli
Borsa
Cordusio
P.za Cordusio
Civico Museo Archeologico
S. Maurizio
Resti Romani
V. S. M.alla Porta
V. S. V. al Teatro
P.za degli Affari
V. G. Negri
Posta e Telegrafo
V. E. Panzacchi
V. Terraggio
Giardino A. Calderini
S. Agnese
Nirone
V. B. Luini
V. Ansperto
V. Brisa
V. Gorani
V. Borromei
V. S. M. Fulcorina
P.za Edison
Banco di Roma
Banca d'Italia
S. Valeria
V. Vigna
S.M. Podone
P.za Podone
P.za Sant' Ambrogio
Tempio della Vittoria
Mon. ai Caduti
L.go F. A. Gemelli
Sant' Ambrogio
Università Cattolica
Pallazzo Stanga
Pal. Borromeo
P.za Borromeo
S. Orsola
S. Marta
Bollo
Ambrosiana
P.za Pio XI
San Sepolcro
San Sebastiano
P.za S.M. Beltrade
Cappuccio
P.za Mentana
P.za Massaia
Via
S. Maurilio
S. Ambrogio
Pusterla
Sant' Agostino
Palazzo Visconti
Circo
V. Medici
V.S. Sisto
San Sisto
San Giorgio
S. Giorgio
Torino
V. Nerino
Palazzo Trivulzio
Pal. Stampa
Palazzo Isim.
Lanzone
San Bernardino
d. Torchio
L.go d. Carrobbio
L.go Gallarati
V.F. Novati
Via Caminadella
Orazio
Arsenale
V. C. Correnti
C.so Ticinese
Stampa
Vito
Pal. Brivio
Teatro
Pal. Recalcati
Via dei Cornaggia
V. Lesmi
Via Ausonio
De Amicis
P.za della Resistenza Partigiana
G. G. Mora
V. Urbano III
Greg. XIV
P.za S. Quasimodo
V. S. Vincenzo
Via S. Calocero
Genova
De Amicis
Colonne di S. Lorenzo
San Lorenzo
Via del Don
V. Card. Caprara
Ariberto
C.so
San Calogero
S.M.Vittoria
Anfiteatro Romano
Conca del Naviglio
Pta Ticinese
Vetra
Parco Papa Giovanni
Molino delle Armi
V. Campo Lodigiano
Crocefisso
V.A. Banfi
Santa Croce
Vettabbia
Arena
C.so di Porta Ticinese
Vetere
V. Simonetta
Via M. d'Oggiono
Ferrari
137

D
E
F
1
2
3
4
5
6
P.za San Marco
San Marco
Questura
V.M. de Marchi
Teatro L. Piana
Via F. Turati
Via D. Manin
P.za Cavour
Via Palestro
200 m
219 yd
Via Fatebenefratelli
Via dell' Annunciata
Archi di Porta Nuova
Palazzo dell' Informazione
V. Vecchio Politecnico
Pal. Centro Svizzero
Villa Reale Galleria d'Arte Moderna
Museo del Risorgimento
Giardini Perego
Via dei Giardini
Palazzo Borromeo
Teatro Manzoni
Via Senato
Teatro di Verdura
Marina
Palazzo Castiglioni
Palazzo di Brera (Pinacoteca)
Borgonuovo
P.za S. Erasmo
Via Manzoni
V.G. Pisoni
Pal. Scotti
Via Borgospesso
V.L. Rossari
Via Palazzo del Senato
V. Boschetti
ACI
Orto Botanico
Via F.lli Gabba
V. Cr. Rossa
S. Francesco di Paola
V.S. Spirito
Via Gesù
Via della Spiga
S.P. Celestino
Monte di Pietà
Via Pietà
Montenapoleone
Palazzo Bagatti Valsecchi
Palazzo Melzi di Cusano
Museo di Milano
S. Andrea
Venezia
Palazzo Serbelloni
V. Monte di Pietà
Cassa di Risparmio
San Guiseppe
G.D. Romagnosi
V. Andegari
Via Alessandro Manzoni
Museo Poldi-Pezzoli
Via Bigli
Via Mte. Napoleone
V. Bagutta
Palazzo Arcivescovile
Via Mozart
Corso Venezia
Damiano
Boito
Via Verdi
Linea M3
Museo Teatrale
Teatro alla Scala
V.G. Morone
Casa di Manzoni
Pal. Belgioioso
P.za Belgioioso
V.P. Verri
Banca Comm. d'Italia
V. Case Rotte
Casa d. Omenoni
V. Omenoni
Linea M1
San Babila
V. Rasini
V.S. Cecilio
P.za della Scala
L.go Matti.
V.M.A. Catena
P.za Meda
C.so G. Matteotti
C.so Monforte
Palazzo Marino
San Fedele
Banca Popolare
Teatro Nuovo
P.za U. Giord.
Palazzo Bolagnos
V.T. Marino
V.U. Hoepli
Gall. Long.
Palazzo Spinola
S. Pall'Orto
P.za S. Babila
S. Babila
2 P.za S. Fedele
V.S. Radegonda
V. Agnello
S.C. al Corso
V.C. Ducar
Ronchetti
V.S. Pellico
V.T. Grossi
Gall. Vitt. Eman. II
V. Foscolo
V.S. Raf.
P.za Liberty
Via Paolo
L.go A. Toscanini
V. Borgogna
Durini
Cerva
V.A.
Pal. dei Giureconsulti
V.C. Cattaneo
C.A.I.
C.so Vitt. Eman. II
L.go Corsia di Servi
Gall. d. Corso
C.so Europa
S. Carlo
Palazzo Durini
Duomo
Piazza Mercanti
Gall.
Patt.
V. Pattari
Via C. Beccaria
San Vito
S. Maria della Sanità
di Modrone
Piazza del Duomo
Pass. Duomo
P.za C. Beccaria
Pal. del Capitano di Giustizia
Via Cavallotti
V. Marziale
V. Visconti
Chiossetto
Via Giuseppe Mazzini
A.P.T.
Palazzo Reale
Via Arcivescov.
P.za Fontana
L.go Augusto
V.F. Corridoni
V.C. Battisti
P.za S. Pietro in Gessate
V. Dogana
V. Cap.
V.G. Marconi
Via Pal. Reale
Pal. Arciv.
L.go d. Bersaglieri
V.C.G. Merlo
Sormani
Via Giardino
Museo del Novecento
San Gottardo
Via F. Pecorari
delle Ore
V.S. Tecla
S. Bern. alle Ossa
V.S. Bern.
C. di P.ta Vittoria
P.le J.L. Borges
P.za A. Diaz
Uff. Comunali
Via Larga
P.za S. Stefano
Santo Stefano Maggiore
Via M. Gonzaga
Via F. Baracchini
Rastrelli
Teatro Lirico
Via Cannobio
V. Bergamini
Via Perdono
Via d. Signora
V.S.G. Conca
Sforza
Via Guastalla
Sito di Guastalla
C. Freguglia
Pal. di Giustizia
Missori
Via A. Albricci
Palazzo Greppi
Via Antonio
Sant' Antonio Abate
Chiesa Evang. Vald.
Pal. Sormani (Biblioteca)
Università degli Studi di Milano (Ex Osp. Maggiore)
Laghetto
V.P. Andreani
V.S. Zaccaria
P.za Missori
Via P. d.
Palazzo Acerbi
P.za Velasca
Via Chiaravalle
Via Francesco
Giardino
Casa del Mutilato
Italia
Corso
V. Pantano
Torre Velasca
Via S.
V. Festa d.
S.M. Annunciata
Via San Barnaba
SS. Barn. e Paolo
V. Mad- dalena
Pal. Annoni
V. Rugabella
L.go Richini
V. Osti
Vle S. Catarina
San Nazaro Maggiore
Guastalla
Via
V.F. Daverio
Bertarelli
V. Sant' Eufemia
L. Viadana
Cal. De La Barca
Sio
P.za S. Nazaro
Ospedale Maggiore di Milano (Policlinico)
P.za Umanitaria
M. Fanti
P. Micca
S. Eufemia
S. Senatore
V. Lenta
Sforza/Policlinico
Santi Innocenti
Regina Elena
Via della
S. Paolo Converso
Via Santa Sofia
Porta Romana
Linea M3
Linea M4, in costruzione 2022
S. M. della Visitazione
V.le S. Calimero
San Calimero
Via Alf. Lamarmora
Teatro Carcano
Crocetta
C. di Porta
Comme
134
138

A
B
C
CAGNOLA
IL PORTELLO
BULLONA
1
2
3
4
5
6
300 m
328 yd
Viale Certosa
Piazza Firenze
Corso Sempione
Via Mac Mahon
Via Principe Eugenio
Via Govone
P.la C. Caneva
P.za Diocleziano
S. Teresa del Bambin Gesù
Ist. P. Beccaro
V.le Teodorico
P.le D. Chiesa
S. Ildefonso
S. Cuore
City
Convention Center
Velodromo Vigorelli
Domodossola Fiera F.N.
Domodossola F.M.M.
Gerusalemme
Ospedale dei Bambini V. Buzzi
V. Poliziano
CityLife
Tre Torri
Allianz Tower
Palazzo delle Scintille
P.za Sei Febbraio
Residenze Libeskind
Residenze Zaha Hadid
V.le Duilio
V.le Eginardo
V.le Berengario
Linea M5
R.A.I.
P.za Giovanni XXIII
Via A. Canova
Via A. Spinola
Via Senofonte
V.le Ezio
V.le Belisario
P.le Giulio Cesare
Sacra Famiglia
Casa di Riposo G. Verdi
P.za M. Buonarroti
Buonarroti
Via Monte Rosa
San Pietro in Sala
Pagano
Wagner
P.za R. Wagner
Conciliazione
P.za Conciliazione
Corso Vercelli
Via Cuneo
Corso Vercelli
P.le F. Baracca
Porta Magenta
Via Ariosto
Via Mario Pagano
S. Maria Segreta
P.za N. Tommaseo
Via G. Rasori
L.go Carab. d'Italia
L.go R. Zandonai
V.le V. Alpini
136

D
E
F
Cimitero
Monumentale
Cenisio
Coriolano
Monumentale
Ple Cimitero Monumentale
Deposito ATM
Fabbrica del Vapore
Vigili del Fuoco
Dogana
V.Valtellina
Carlo
Farini
Porta Garibaldi F.S.
Porta Garibaldi F.S.
Via E. Tazzoli
S. Antonio di Pádova
Via M. Quadrio
Terminal Aereo
Torre C
Via Procaccini
Via Cesare
Via Bertini
Via Paolo Sarpi
Ceresio
Ple A. Baiamonti
Viale Montello
Fondazione Feltrinelli
V.le F. Crispi
Pza 25 Aprile
Viale Pasubio
Via Donato Bramante
B. Niccolini
S. Maria Incoronata
Via Marsala
Moscova
PORTA
TENAGLIA
L.go la Foppa
Melzi d'Eril
Via Canonica
V.le Elvezia
Pza Lega Lombarda
Via Legnano
Arena Civica
Parco
Sempione
Porta Sempione
Napoleone III
Viale Malta
Gerolamo Gadio
Pal. dell'Arte (Triennale)
Torre Branca
Pinacoteca Museo d'Arte Antica
Castello Sforzesco (Musei Civici)
Rocchetta
Piazza Castello
Lanza
V.Pontaccio
Tivoli
Palazzo di Brera (Pinac.)
Orto Botanico
Via Brera
Via Solferino
Chiesa Anglic.
Stazione F.S. Nord
Cadorna F.N.
Cairoli
Foro Buonaparte
Teatro alla Scala
Teatro Filodrammatici
Pal. Litta
Magenta
C.so Magenta
Cordusio
Borsa
V. Meravigli
S. Tomaso
Pal. Clerici
Pal. Cusani
Via Broletto
V. G. Carducci
Via Boccaccio
Ple Cadorna
Palazzo delle
P.d'Ancona Mus. Arch.
Via Mercato
Pza San Marco
Via Statuto
Via Palermo
Via dei Chiostri
S. Simpliciano
Crociate
Via Solera Mant.

137

ISOLA
MAGGIOLINA
PONTE
SEVESO
Porta Garibaldi
Isola
Sondrio
Gioia
Porta Garibaldi F.S.
Centrale F.S.
Stazio Centra F. S.
Repubblica
Turati
Palestro
Montenapoleone
S. Babila
Bosco Verticale
Grattacielo Pirelli
Viale della Liberazione
Via Pola
Via Melchiorre Gioia
Via L. Galvani
Via Pisani
Viale Monte Grappa
B. di P.ta Nuova
Bast. di P.ta Venezia
Corso Venezia
Giardini Pubblici Indro Montanelli
Giard. Zoologico
Planetario
Museo di Storia Naturale
Villa Reale Gall. d'Arte Moderna
Pal. Dugnani
Via Fatebenefratelli
Via Manin
Via Palestro
Via Senato
Corso di Porta Nuova
Via della Moscova
Via Turati
Corso Monforte
C.so G.Matteotti
Palazzo di Brera (Pinac.)
Orto Botanico
Museo del Risorgimento
Mus. Poldi-Pezzoli
Teatro alla Scala
Gall. Vitt. Eman. II
Palazzo Arcivescovile
Villa Necchi Campiglio
Prefettura
Istituto dei Ciechi
Via Brera
Via Manzoni
Via della Spiga
C.so Venezia
Via Montenapoleone
134
138

Pasteur
Viale Monza
Via Padova
A. Costa
V.le Brianza
Doria
P.le Loreto
Loreto
V. Nicola Antonio Pórpora
Viale Lombardia
V. Casoretto
P.za F. Durante
Caiazzo
P.za Caiazzo
P.L. da Palestrina
Settembrini
Marcello
Vitruvio
Buenos Aires
Lima
P.za F. Ozanam
Teatro dell'Elfo
Linea M1
Linea M2
V.le Gran Sasso
Piola
P.le G. Piola
Via Donatello de Bardi
V.le Abruzzi
Pergolesi
SS. Redentore
Argentina
V. A. Stradivari
N. Paganini
N. Piccinni
V. della Majella
Via C. Matteucci
Via G. Paisiello
P.za Aspromonte
V. F. Lomonaco
Piazzale Bacone
G.B. Morgagni
Plinio
Casa Mus. Boschi di Stefano
V. V. Vela
L.go C. Usuelli
S. Giovanni in Laterano
P.za G. L. Bernini
V. R. Fucini
Casa dello Studente
Pascoli
Porta Venezia
V.le R. Giovanna
P.za Otto Novembre 1917
Via Lambro
P.za G. I. Ascoli
P.za Maria Adelaide di S.
V.le Giustiniano
V.le V. Gaio
P.za E. Novelli
Via Gustavo Modena
V. D. Carnaghi
Viale Romagna
Via Bellotti
P.za F.lli Bandiera
Teatro Menotti
MONFORTE
Ist. delle Benedettine
S. Cuore di Gesù
P.za Risorgimento
C.so Concordia
C.so Indipendenza
Tricolore
P.le Dateo
Dateo
C.so Plebisciti
P.le Susa
Brefotrofio
V.le Piceno
Via Mille
Istit. Osp. Prov. Maternità
Macedonio Melloni
Archimede
V. G. Sismondi
300m
328 yd

139

A
B
C
1
2
3
4
5
6
132
Wagner
Conciliazione
Corso Vercelli
Corso
P.za Piemonte
T. Nazionale
V. Cuneo
V. Carlo Ravizza
V. Margherera
V. Belfiore
V. Cherubini
Via G. Rasori
Porta Magenta
V. A. Scarpa
V.E. Toti
P.le F.Baracca
P.za Sicilia
V. R. Settimo
V. Quarnero
Via Washington
Via Giorgio
Via L. Sacco
Via Seprio
Via Monferrato
V.G. De Castro
V.R. Marenco
Via D. Cimarosa
V. Polibio
Lgo. V. S.Sett. E.Motta
V. A. Mauri
V. G.B. Soresina
V. B. Panizza
G. Cantoni
V.le di P.ta Vercellina
Via Bandello
V.E. Morosini
Via Sardegna
Via Trieste
V.L.Pirandello
Gesù Buon Pastore
V.M. Serao
Elba
V.G. De Alessandri
C. Salutati
Paolo
A.C.DeMeis
P.za V.S. Biffi
Verga
Teatro
San Francesco d'Assisi
1 P.za G. Filangieri
S. Vittore al Corpo
Carcere S. Vittore
V.Volterra
V.P. Cavalcabo
Organdino
P.za Irnerio
V. Etna
S.Caboto
P.za.Po
Boni
Eusebio
V.S. Ischia
V. Vetta d'Italia
Via G. Dezza
V.E. Ferrario
Giovio
Lipari
P.le Aquileia
V. Altino
Viale
A. Cecchi
Digione
Costanza
V. Egadi
P.za Vesuvio
V. Caprera
Caravaggio
Parco Solari
V.A. Dugnani
Roncaglia
V. S. Giuliano
V. Ulpiano
P.le de Agostini
Garian
Stromboli
V. California
Foppa
Pisc. Solari
Parco Don Giussani
(Parco Solari)
Coni
V.M.A. Bragadino
P.za S. Agostino
Viale Misurata
G.Favretto
Fra Bartolomeo
V. Procopio
V.d.Grimani
Via Vinc.
B. Lanino
P.za G. A. Bazzi
V.Letizia
Via Valparaiso
V.A. Salaino
Monte-
Solari
Washington/ Bolivar
P.za S. Bolivar
V. Sirte
V. Trezzo d'Adda
Cola
V. A. Modigliani
Rienzo
S. Maria del Rosario
P.za del Rosario
V.O. Gnocchi Viani
Loria
Via Andrea
Bergognone
Video
Teatro Libero
V. Cerano
Voghera
P.ta Genova F. S.
Tortona
P.ta Genova F.S.
Siciliani
P.za Napoli
V. Montecatini
Via Giambellino
Via C. Troya
Stendhal
MUDEC
Tortona
Armani Silos
V. Novi
V.Forcella
G. Bugatti
V. P. Giorza
Savona
V. d. Foppette
Alzaia
Naviglio Grande
Strada
P.le delle Milizie
V. S. Cristoforo
Tolstoi
V. Pesto
San Cristoforo
Via Lodovico il Moro
Grande
Ripa di
E. Barsanti
V. Autari
Via E. Lombardini
Torre
Linea M2
V. L. Sala
G. Pastorelli
C. d'Adda
S. Cipriano
Villoresi
V.P. Cézanne
Via dei Crollalanza
V.le Romolo
Viale Cassala
V.A. Tosi
Viale
Morimondo
G. E. Pestalozzi
V.A. Brugnatelli
Ponti
V.D. Bussola
Malaga
Via Giacomo Watt
Via F. Tosi
P.za Bilbao
V.P. Filargo
E. Schievano
Romolo
L.go Ascanio
Via P. Filargo
Siviglia
300 m
328 yd

Cadorna F.N.
Cairoli
133
Magenta
Carducci
C.so Magenta
V. Meravigli
Cordusio
Duomo
Missori
Mazzini
Torino
Orefici
Dante
Broletto
Via Vittore
S. Ambrogio
Univ. Cattolica
Pal. Stanga
Pal. Borromeo
Pal. Visconti
De Amicis
Via De Amicis
V. G.G. Mora
Correnti
Molino d. Armi
Vetra
S. Sofia
Parco
S. Lorenzo
Colonne di S. Lorenzo
Anfiteatro Romano
C.so Genova
Porta Genova
V.le G. d'Annunzio
C.so di P.ta Ticinese
Museo Diocesano
San Eustorgio
P.za S. Eustorgio
Darsena
V.le Gorizia
P.ta Ticinese
P.za XXIV Maggio
V.le G. Galeazzo
P.le P.ta Lodovica
Porta Lodovica
V.le Bligny
Ticinese
Col di Lana
1 V. Cosseria
2 Via Bainsizza
Corso S. Gottardo
Corso G. Meda
V. Gentilino
Giovenale
S. Rocco
Inst. Industr. Feltrinelli
V.G.C. Castelbarco
Centrale del Latte
Tabacchi
1 Via G. Ottolini
2 Via C. A. Colombo
3 Via L. Valtorta
4 Via F. Barbieri
P.za Bibbiena
V.le Tibaldi
Auditorium
Naviglio Pavese
Ascanio Sforza
V. Pavia
Ist. Sieroterapico Milanese
CHETTA
P.za S. Belfanti
Liguria
Viale
Centro Sport. Cappelli
Opera Cardin.

Teatro alla Scala
P.za Belgioioso
Palazzo Arcivescovile
Campiglio
Prefettura
Monforte
C.so G.Matteotti
P.za S. Babila
S. Babila
C.so Vitt.Eman.II
Gall. Vitt. Eman. II
Pal. dei Giureconsulti
Duomo
P.za del Duomo
V.T.Marino
V.S.Radegonda
P.za Liberty
V.Borgogna
Via V. di Modrone
V. Passione
Palazzo Archinto
Conserv. di Musica G. Verdi
S. Maria della Passione
Pal. Durini
S. Vito
C.so Europa
Pal. Reale
Pal. Arciv.
Mus. del Novecento
V. Dogana
P.za Diaz
P.za Fontana
L.go d.Bers.
L.go Aug.
C.so Sforza
C.Battisti
S. Pietro in Gessate
P.za S.P. i. Gessate
Uff. d. Provincia
S.Stefano
P.za S. Stefano
Teatro Lirico
Missori
P.za Missori
V. Albricci
P.za Velasca
Torre Velasca
Università degli Studi di Milano (Ex Osp. Maggiore)
Pal. Sormani (Bibl.)
V. S.A.M. Zaccaria
V. P. Andreani
Giardino
Via Guastalla
Palazzo di Giustizia
V. L. Manara
Via Fontana
V.E.Besana
San Barnaba
Mus. dei Bambini
Rotonda d. Besana
S.M. d. Pace
Soc. Umanitaria
Osp. Maggiore
Corso Italia
V. Rugabella
S. M. Annunciata
L.go f. Richini
S. Naz. Maggiore
P.za S. Nazaro
Osp. Maggiore di Milano (Policlinico)
SS. Barn. e Paolo
Casa d. Mutilato
Via Fanti
Lamarmora
Regina Elena
S. Innocenti
Sforza/Policlinico
Via Santa Sofia
S. Paolo Converso
Sant' Eufemia
S. M. della Visitazione
San Calimero
P.za Card. A. Ferrari
Crocetta
Porta Romana
Teatro Carcano
Via Commenda
V. Siracusa
V. Reggio
V.le E. Caldara
Via Orti
Via Curtatone
Teatro d. Contrad.
Istit. Ortop. G. Pini
Quadronno
Via G. Mercalli
C.so P.ta Vigentina
Linea M3
S. Pietro dei Pellegrini
Sito dei Pellegrini
Via Martino Mondadori
V. Crivelli
V.le Beatrice d'Este
Porta Vigentina
V.le A. Filippetti
P.le Med. d'Oro
Porta Romana
Corso Lodi
Porta Lodovica
Via Bligny
Viale Sabotino
Via Giuseppe Ripamonti
Tempio Budd. zen
V.Piacenza
Univ. Bocconi
P.za A.Sraffa
V. R. Sarfatti
V.le G. S. Bach
Parco Ravizza
L.go L. v. Beethoven
Centrale del Latte
V.le Toscana
Provveditorato agli Studi
S. Andrea
Trebbia
P.za Trento
Via Palladio
Lorenzini
Museo Fondazione Prada
Via G. Spadolini
Sacra Famiglia
1 Via G. Ottolini
2 Via C. A. Colombo
3 Via L. Valtorta
4 Via F. Barbieri
300 m
328 yd

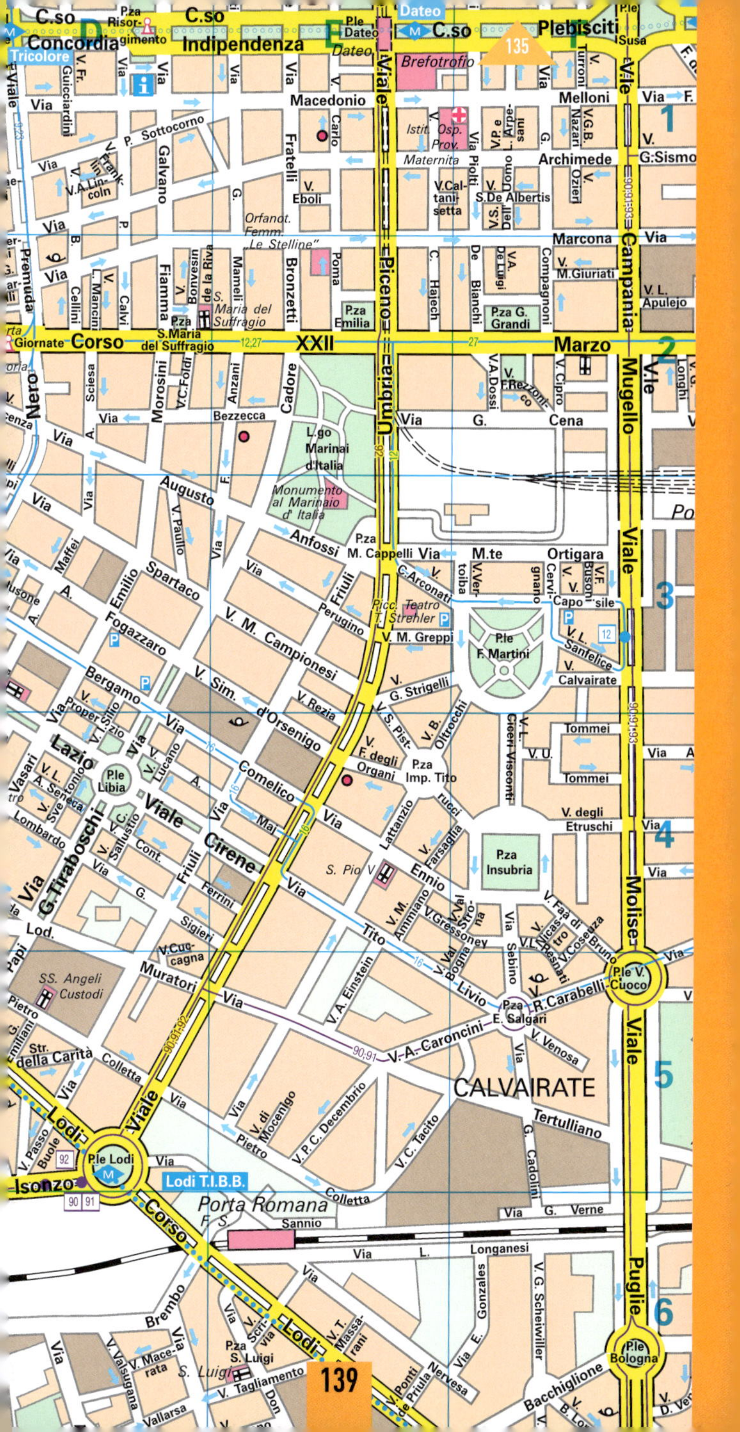
C.so Concordia
P.za Risorgimento
C.so Indipendenza
P.le Dateo
Dateo
C.so Plebisciti
Susa
135
Tricolore
Brefotrofio
V.le Premuda
Via Guicciardini
Via P. Sottocorno
V. Franklin
V.A.Lincoln
Galvano
Via Macedonio
Fratelli
V. Eboli
Carlo
Istit. Osp. Prov. Maternità
Via Piolti
V.Caltanisetta
V.P. e L. Arpesani
V.S. Dell'Uomo
V.S.De Albertis
Melloni
V.G.B. Nazari
Ozieri
Archimede
Via F.
V. G:Sismo
Orfanot. Femm. "Le Stelline"
Fiamma
Bonvesin de la Riva
Mameli
Bronzetti
Poma
P.za Emilia
V.le Piceno
C. Hajech
De Bianchi
V.A. De Luigi
Compagnoni
V. M.Giuriati
Marcona
V. L. Apulejo
Via Cellini
V. L. Mancini
Calvi
S. Maria del Suffragio
P.za S.Maria del Suffragio
Giornate
Corso XXII Marzo
V.le Campania
Nero
Sciesa
Morosini
V.C.Foldi
Anzani
Cadore
V.A.Dossi
V. F.Rezzonico
V. Cipro
Mugello
Longhi
Bezzecca
L.go Marinai d'Italia
Monumento al Marinaio d'Italia
V.le Umbria
Via G. Cena
Augusto
V. Paullo
Maffei
Anfossi
P.za M. Cappelli
Via M.te Ortigara
V.Vertoiba
Cervignano
V.F. Busoni
Spartaco
Emilio
Fogazzaro
Friuli
Perugino
C.Arconati
Picc. Teatro Strehler
V. M. Greppi
P.le F. Martini
Capo
V. L. Sanfelice
V. Calvairate
Viale
V. M. Campionesi
V. Sim. d'Orsenigo
V. Rezia
Bergamo
V. Silio
Proper zio
V. G. Strigelli
V.S. Pist-
V. B. Oltrocchi
Cicerì Visconti
V. L. Tommei
V. U. Tommei
P.le Libia
Lazio
Vasari
V. L. A. Seneca
V. Svetonio
V. C. Sallustio
V. Lucano
Comelico
Mai
V. F. degli Organi
P.za Imp. Tito
Lattanzio
V. degli Etruschi
Lombardo
Via G.Tiraboschi
Viale Cirene
Via Ennio
V. Farsaglia
P.za Insubria
S. Pio V
Molise
Via Tito
Via G. Ferrini
Sigieri
Friuli
V.M. Ammiano
V.Gressoney
V. Val Bogna
Via Sebino
V.L. Nicastro
V. Resnati
V. Faà di Bruno
V.Cosenza
P.le V. Cuoco
Lod.
Papi
SS. Angeli Custodi
Pietro
V.Cuccagna
Muratori
Via Livio
V. A. Einstein
P.za E. Salgari
R.Carabelli
V.A.Caroncini
V. Venosa
Str. della Carità
Colletta
CALVAIRATE
Viale
5
Tertulliano
G. Cadolini
Lodi
V. di Mocenigo
V.P.C. Decembrio
V.C.Tacito
V. Passo Buole
P.le Lodi
Isonzo
Lodi T.I.B.B.
Via Pietro Colletta
Porta Romana F.S.
Sannio
Via G. Verne
Corso Lodi
Via L. Longanesi
Brembo
V. Valsugana
V. Macerata
P.za S. Luigi
S. Luigi
V. Tagliamento
Don
V. T. Massarani
V. Ponti de Priula
Nervesa
Via E. Gonzales
V. G. Scheiwiller
Puglie
P.le Bologna
Bacchiglione
Vallarsa
D. Ver
1
2
3
4
6
D
E
F

A
B
C
1
2
3
4
5
6
SVIZZERA
Ticino
Locarno
Bellinzona
Lugano
Mendrisio
Como
Lecco
Verbania
Omegna
Varese
Arona
Borgomanero
Gallarate
Busto Arsizio
Legnano
Saronno
Desio
MONZA
Sesto S. Giovanni
MILANO
Rho
Magenta
Abbiategrasso
Novara
NOVARA
Vercelli
Vigevano
Mortara
Pavia
Garlasco
Voghera
Tortona
ALESSANDRIA
Valenza
Casale Monf.
Lodi
Melegnano
Vimercate
Erba
Cantù
Seregno
Tradate
Malnate
Luino
Stresa
Novi Ligure
Ovada
Acqui Terme
Stradella
Broni
PIACE
BERGA
Lombardia
Oltrepò Pavese
Alessandria
10 km
6.2 mi

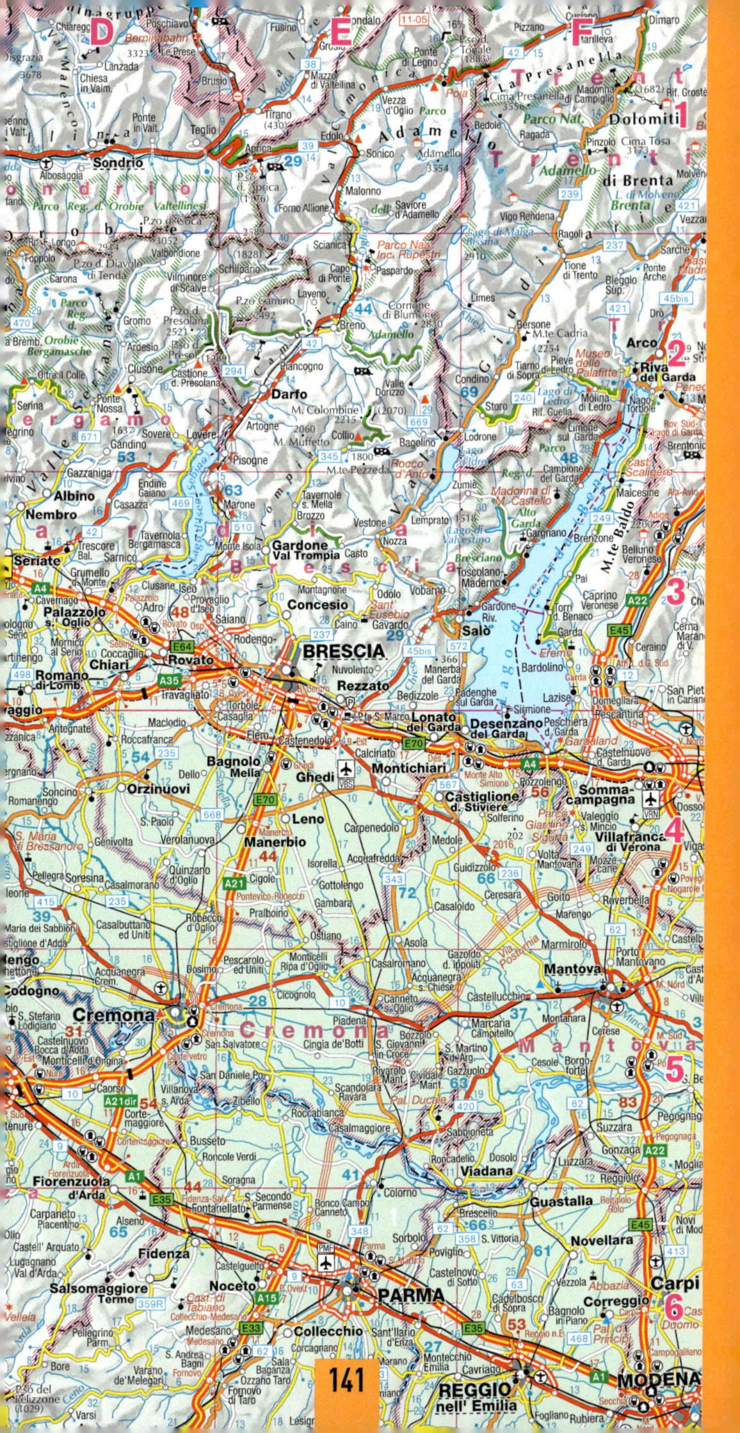
D
E
F
1
2
3
4
5
6
Sondrio
Tirano
Aprica
Edolo
Ponte di Legno
Passo Tonale
Dimaro
Pinzolo
Madonna di Campiglio
Dolomiti di Brenta
Adamello
Parco Naz. Inc. Rupestri
Breno
Darfo
Lovere
Clusone
Sovere
Bergamo
Albino
Nembro
Seriate
Grumello d. Monte
Palazzolo s. Oglio
Chiari
Rovato
Iseo
Marone
Pisogne
Gardone Val Trompia
Concesio
BRESCIA
Rezzato
Nuvolento
Salò
Gardone Riv.
Toscolano-Maderno
Gargnano
Limone sul Garda
Riva del Garda
Arco
Nago-Torbole
Malcesine
Brenzone
Torri d. Benaco
Garda
Bardolino
Lazise
Peschiera d. Garda
Desenzano del Garda
Sirmione
Lonato del Garda
Manerba del Garda
Padenghe sul Garda
Bedizzole
Calcinato
Montichiari
Ghedi
Bagnolo Mella
Castenedolo
Travagliato
Romano di Lomb.
Orzinuovi
Soncino
Manerbio
Leno
Verolanuova
Castiglione d. Stiviere
Solferino
Volta Mantovana
Goito
Valeggio s. Mincio
Villafranca di Verona
Sommacampagna
Castelnuovo d. Garda
Mantova
Marmirolo
Porto Mantovano
Asola
Casalromano
Canneto s. Oglio
Piadena
Bozzolo
Marcaria
Castellucchio
Curtatone
Borgoforte
Suzzara
Gonzaga
Viadana
Sabbioneta
Casalmaggiore
Guastalla
Novellara
Reggiolo
Carpi
Correggio
Cremona
Codogno
Castelvetro
Monticelli d'Ongina
San Daniele Po
Villanova s. Arda
Cortemaggiore
Busseto
Roncole Verdi
Soragna
Fiorenzuola d'Arda
Fidenza
Salsomaggiore Terme
Noceto
Fontanellato
Colorno
Sorbolo
PARMA
Collecchio
Sant'Ilario d'Enza
Montecchio Emilia
Cavriago
REGGIO nell' Emilia
Rubiera
MODENA
Lago di Garda
Lago d'Iseo
Lago d'Idro
Cremona
Mantova
A4
A21
A22
A1
A15
A35
E45
E70
E35
E64
E33

Das Register enthält eine Auswahl der im Cityatlas dargestellten Straßen und Plätze

KARTENLEGENDE

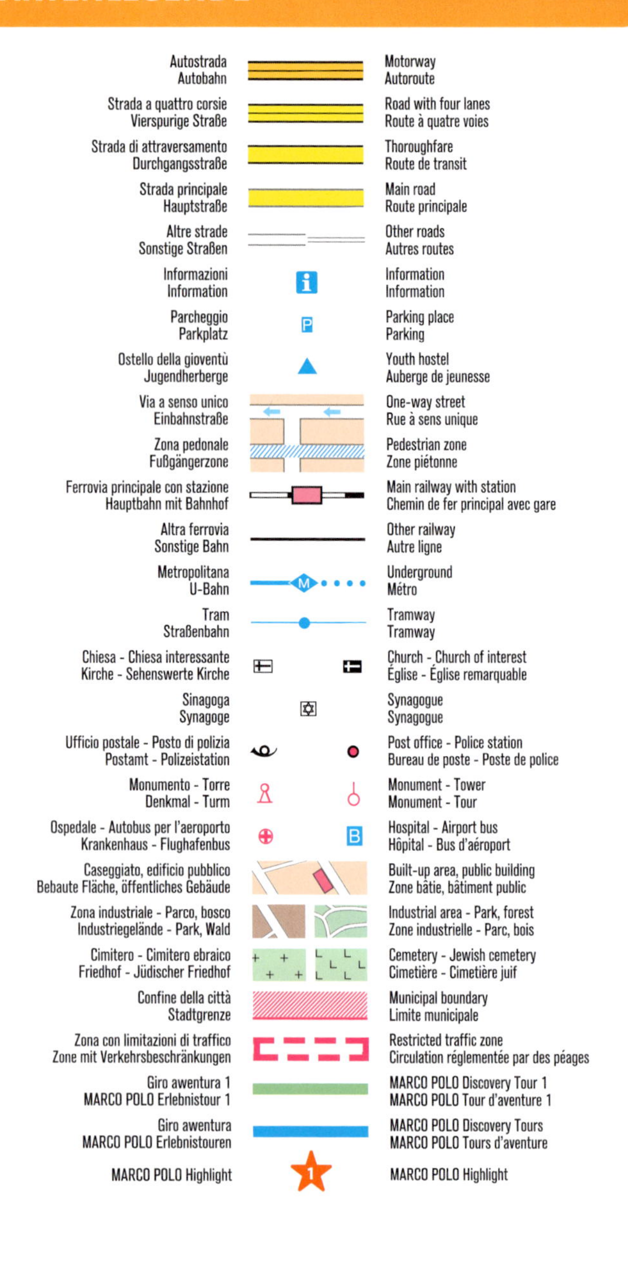

REGISTER

Im Register finden Sie alle in diesem Reiseführer beschriebenen Sehenswürdigkeiten und Museen in Mailand sowie alle Orte und Ausflugsziele in der Lombardei. Gefettete Seitenzahlen verweisen auf den Haupteintrag.

LOMBARDEI

SCHREIBEN SIE UNS!

Egal, was Ihnen Tolles im Urlaub begegnet oder Ihnen auf der Seele brennt, lassen Sie es uns wissen! Ob Lob, Kritik oder Ihr ganz persönlicher Tipp – die MARCO POLO Redaktion freut sich auf Ihre Infos.
Wir setzen alles dran, Ihnen möglichst aktuelle Informationen mit auf die Reise zu geben. Dennoch schleichen sich manchmal Fehler ein – trotz gründlicher Recherche unserer Autoren/innen. Sie haben sicherlich Verständnis, dass der Verlag dafür keine Haftung übernehmen kann.

MARCO POLO Redaktion
MAIRDUMONT
Postfach 31 51
73751 Ostfildern
info@marcopolo.de

IMPRESSUM

Titelbild: Galleria Vittorio Emanuele (gettyimages/Cultura Travel: W. Zerla)
Fotos: awlimages: M. Bottigelli (Klappe r., 100, 104, 113), F. Iacobelli (98/99); awlimages/ClickAlps: M. Bottigelli (30); DuMont Bildarchiv: Krewitt (114), Mosler (17); B. Dürr (1 u.); R. Freyer (25, 45, 46, 116 o.); gettyimages/Cultura Travel: W. Zerla (1 o.); R. M. Gill (10, 34, 96, 97); Hotel Bulgari (83); huber-images: G. Cozzi (128/129), G. Croppi (4 o., 26/27), D. Erbetta (5, 7), Gräfenhain (12/13, 37), S. Raccanello (93); Laif: Blickle (72), F. Blickle (81); Laif/contrasto: Pavesi (76/77); mauritius images/age fotostock: W. Zerla (Klappe l.); mauritius images/AGF: M. Chapeaux (84/85), D. La Monaca (94); mauritius images/Alamy (2, 4 u., 11, 14/15, 23, 40, 42, 58 r., 59, 70/71, 90), D. Fracchia (115), P. Gislimberti (69), Godong (6), Marka (8, 56), E. Marongiu (19 o., 62), G. Masci (20/21), R. Sala (33); mauritius images/Alamy/ASK Images: E. Marongiu (65); mauritius images/Alamy/Isaac74 (60/61); mauritius images/Alamy/Pacific Press/Live news: G. Piazzolla (19 u.); mauritius images/Alamy/SFM Stock 3 (114/115); mauritius images/Axiom Photographic: M. Silvan (9); mauritius images/CuboImages (18 u., 78), M. Bella (50/51, 55), Bluered (103), E. Buttarelli (18 o., 18 M., 49); mauritius images/Cultura (3); mauritius images/Travel Collection/: C. Körte (52); T. Stankiewicz (116 u.); H. Wagner (58 l.); E. Wrba (96/97, 106, 109, 110, 117)

13., aktualisierte Auflage 2018

Chefredaktion: Marion Zorn; Autor: Henning Klüver; Bearbeiterin: Bettina Dürr; Redaktion: Christina Sothmann
Verlagsredaktion: Lucas Forst-Gill, Susanne Heimburger, Johanna Jiranek, Nikolai Michaelis, Kristin Wittemann, Tim Wohlbold
Bildredaktion: Gabriele Forst; Im Trend: Bettina Dürr, wunder media, München
Kartografie Cityatlas und Faltkarte: © MAIRDUMONT, Ostfildern
Gestaltung Cover, S. 1, Faltkartencover: Karl Anders – Büro für Visual Stories, Hamburg; Gestaltung innen: milchhof:atelier, Berlin; Gestaltung S. 2/3, Erlebnistouren: Susan Chaaban Dipl.-Des. (FH)
Sprachführer: in Zusammenarbeit mit Ernst Klett Sprachen GmbH, Stuttgart, Redaktion PONS Wörterbücher

Printed in Italy

BLOSS NICHT

Tipps, um ein paar alltäglichen Fallen in Mailand zu entgehen

IM BUS SEIN GELD ZÄHLEN

Überall, wo es eng wird, etwa auf Märkten oder im Bahnhofsgedrängel, muss man mit potenziellen Langfingern rechnen. Auch in vollen Straßenbahnen, Bussen und der U-Bahn sollten Sie besonders aufpassen. Also bitte nicht im Bus das Geld nachzählen und das Portemonnaie immer an einer sicher verschlossenen Stelle tragen.

SICH IM RESTAURANT SELBST AN EINEN TISCH SETZEN

Beim Betreten eines Restaurants oder auch einer Pizzeria ist es üblich, auf einen Kellner zu warten, der einen an einen Tisch führt; natürlich dürfen Sie sich aber einen aussuchen.

GETRENNT BEZAHLEN

Italienische Kellner und Gastbetriebe kennen die Sitte nicht (und haben auch wenig Verständnis dafür), dass bei einer Gruppe von Gästen jeder einzeln für sich bezahlt. Egal wie viel oder wie wenig jemand gegessen hat, am Ende wird die Rechnung durch die Zahl derer geteilt, mit denen man gemeinsam gegessen (oder getrunken) hat.

SAMSTAGS IN DER INNENSTADT EINKAUFEN

Samstagnachmittags scheint die ganze Lombardei nach Mailand zu strömen. Auf den Fußwegen schieben sich die Menschen und der Flaneur wird zum Verkehrshindernis. Man kann sich keine Ware mehr in Ruhe angucken und vor jeder Kasse bilden sich Schlangen wie in der Opernpause vor der Damentoilette. Und auch die Tram bleibt im Verkehr stecken.

AUF BAGHERINI HEREINFALLEN

Manchmal ist es leichter, Karten für die Scala zu bekommen als für ein Fußballspiel zwischen Milan und Inter. Doch hüten Sie sich, Karten von Schwarzmarkthändlern *(bagherini)* vor dem Stadion zu kaufen. Sie sind mindestens überteuert, wenn nicht sogar gefälscht.

MIT KURZEN HOSEN IN DIE KIRCHE

Kirchen und Klöster, die für die einen zum Besuchsprogramm gehören, sind für andere Orte der Stille und des Gebets. Für einen Kirchenbesuch sollte man sich den Umständen entsprechend bedeckt halten. In den Dom werden Sie mit bloßen Schultern oder allzu kurzem Rock gar nicht erst hineingelassen.

WILDE TAXIS BENUTZEN

Immer, wenn die Schlange am Taxistand beim Bahnhof oder am Flughafen besonders lang ist, bietet jemand gerade Ihnen an, Sie an den Wartenden vorbeizulotsen. Auch wenn die Herren Englisch sprechen und Namensschilder tragen: Steigen Sie bloß nicht ein! Der Preis wird mehr als doppelt so hoch wie der offizielle sein und versichert sind die Taxiwilderer oft auch nicht.